새롭게 밝힌
생명의 기원과
종의 기원

인류의 기원이 밝혀졌다

새롭게 밝힌

생명의 기원과
종의 기원

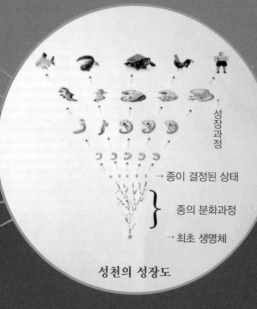

성장과정

→ 종이 결정된 상태

} 종의 분화과정

→ 최초 생명체

성천의 성장도

성천 지음

이제 창조론과 진화론을 폐기하라

머리말

인간은 이익을 추구하며 살아가는 존재이다. 이익을 얻기 위해 살다 보면 헐뜯고 싸우게 된다. 그러다 보면 결국 승자와 패자 모두 불행한 삶을 살아가게 된다.

인류가 불행한 이유는 약육강식의 의식이 강하게 내포된 창조론과 진화론의 관점에서 세상을 바라보며 살아가기 때문이다.

필자는 과학적인 방법을 통해 창조론과 진화론의 거짓을 밝히고 지상에 존재하는 생명체를 관찰하여 「새롭게 밝힌 생명의 기원과 종의 기원」을 출판하게 되었다.

주입식 교육 탓에 우리의 의식 속에는 창조론과 진화론이 깊이 각인되어 있다. 이러한 교육이 현재 우리에게는 무엇이 옳고 그름을 분별하는데 커다란 걸림돌이 되고 있다.

인류를 올바른 방향으로 이끌어 나아가려면 창조론과 진화론 탓에 왜곡된 인류의 기원을 하루빨리 바로잡아야 한다.

창조론과 진화론은 탐욕스러운 인간이 인류를 지배할 목적으로 만든 것이다. 그들은 지금도 변함없이 창조론과 진화론을 기득권 중심의 독재사회를 만드는 데 악용하고 있다. 이와 반대로 「새롭게 밝힌 생명의 기원과 종의 기원」은 우리 인류가 하늘 부모님의 사랑에 의하여 태어났다고 보는 이론이다. 이를 믿고 실천하는 사회는 인간의 존엄을 추구하는 민주사회가 조성될 것으로 확신한다.

현재 상당수의 종교 지도자와 정치인이 민주주의라는 가면을 쓰고 평화를 부르짖고 있다. 이러한 사회에서는 어느 누가 집권하여도 진정한 민주사회를 만들 수 없다.

욕망의 산물인 창조론과 진화론으로 돌아가는 사회는 독재사회나 다름없다. 이와 반대로 사랑으로 돌아가는 사회는 민주사회가 조성될 것이다.

인류가 어떻게 탄생했느냐의 문제는 인류가 어떻게 살아야 할 것인가의 문제와 연결되는 것이기에 우리가 시급하게 알아야 할 핵심 과제이다. 이에 필자는 먼저 출간했던 「천천경전」은 현대인이 이해하기가 어려우므로 창조론과 진화론, 성장론과 관련된 부분을 발췌하여 「새롭게 밝힌 생명의 기원과 종의 기원」이라는 책을 출간하게 되었다.

이 도서를 통하여 하늘 부모님으로부터 생명체가 잉태되어 탄생되었음을 밝혔다. 창조론이나 진화론과 완전히 다른 개념의 성장론을 소개하면 모두에게 배척당할 것이 불을 보듯 뻔하다. 그렇더라도 진화론자가 동식물 관찰을 바탕으로 진화론을 주장하듯이, 「새롭게 밝힌 생명의 기원과 종의 기원」도 동식물이라는 물증을 가지고 과학적으로 밝힌다면 독자들이 충분히 납득할 것으로 본다.

잉태론과 창조론은 원인적 관점에서 밝힌 이론이고, 성장론과 진화론은 결과적 관점에서 밝힌 이론이다. 각각 과학적으로 비교 관찰한다면 어느 주장이 옳은지 쉽게 알 수 있다.

인류는 생명의 기원에 대하여 객관적으로 관찰하지 못하고 유신론이나 무신론의 틀 속에 갇혀 주관적으로 관찰하고 있다. 그러니 창조론이나 진화론과 같은 결과물이 도출될 수밖에 없었다.

본서는 과학을 바탕으로 성장론을 알기 쉽게 밝혔다. 이해할 수 없는 부분이 있다면 꺼리고 멀리할 수밖에 없으므로 반복하여 정독해주길 바란다. 또한 동식물을 관찰하면서 창조론과 진화론과 성장론을 비교 관찰하길 권한다. 그러면 수많은 생명체가 성장론에 의하여 존재하게 되었다는 사실을 깨닫게 될 것이다.

창조론은 신이 우주와 생명체를 창조하였다고 말한다. 과학적 근거 없이 성경에 기록된 몇 페이지의 어설픈 기록을 진리라고 주장하고 있다. 정말 터무니없는 일이다. 이런 식의 주장으로는 인류를 납득시킬 수 없다.

성장론은 이러한 전철을 밟지 않기 위해 철저하게 과학적 접근방법으로 사실을 밝히려 한다.

창조론과 진화론은 수많은 비과학적 사실들을 내포하고 있다. 본서에서 이를 바로잡기 위해 두 이론을 사이비 종교 이론과 사이비 과학 이론이라고 직설적으로 지적하였다. 기독교와 이슬람교의 교주를 추종하는 신자들 또한 창조론을 믿고 있다. 이를 바로잡기 위하여 부득이 교주의 문제점도 직설적으로 지적할 수밖에 없다. 특정 종교의 교주 또는 종교인과 과학자를 악의적으로 비판하거나 폄하할 의도는 추호도 없음을 밝혀 둔다.

종교인과 과학자의 눈치를 봐가며 정치적인 언어로 모호하게 지적한다면 올바른 길로 이끌 수 없다. 그러면 그들은 아전인수식으로 생각하여 자기합리화에 빠져버릴 테니 말이다.

또한 인류가 정확히 알지 못하는 민주의 개념이나 보수와 진보의 개념은 민주화를 정착시키기 위하여 「천천경전」에서 발췌하여 뒤쪽에 적시하였다. 잘못된 사상과 지상의 독재사회를 바로잡을 목적으로 직설적으로 지적한 것이니 오해 없기를 바란다.

저자는 생물학자도 아니고 철학자도 아니며 창작하는 소설가도 아니다. 오로지 깨달은 내용을 「천천경전」을 통하여 성장론을 밝혔다. 과학의 관점에서 살핀다면 성장론이 진리임을 이해할 것이다.

본서를 통하여 '성장론'을 과학적으로 입증하려고 노력하였지만, 창조론과 진화론에 세뇌당한 사람을 설득하는 것은 쉬운 일이 아닐 터이다. 앞으로 미흡한 부분에 대해서는 증거를 찾는 대로 보완할 것과 여건이 조성되면 성장론 박물관을 만들어 화석을 근거로 성장론을 입증할 것을 약속드린다.

끝으로 성장론을 통하여 인류가 인간 본연의 심성을 회복하여 지상과 천상에서 행복한 삶을 살아가기를 간곡하게 기원한다.

2024년 5월 1일
저자 성천

목 차

제5장   종의 분화와 암수의 분화

제6장   우주의 탄생

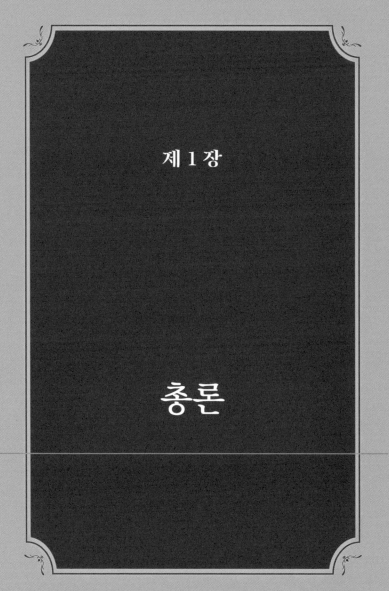

제 1 장

총론

1 인간이 추구하는 삶

삶의 궁극적 목적은 행복이다. 우리는 어떻게 살아야 행복한가를 고민하면서 행복한 삶을 위하여 몸부림을 치고 있다. 하지만 현실은 어떠한가. 우리는 현재 반목과 갈등으로 불행하게 살아가고 있다.

반목과 갈등은 어떻게 치유할 수 있을까? 이를 치유할 수 있는 유일한 방법은 민주 가치관에 대한 교육과 실천이다.

현재 우리는 종교를 통하여 창조론과 윤회론을, 과학을 통하여 진화론을 교육받고 살아간다. 그 가치관에 사랑의 진정한 의미가 내포되어 있다면 민주사회가 이미 조성되었을 것이다. 그러나 그것들에는 욕심을 바탕으로 성장한 보수와 진보라는 관념이 짙게 깔려 있어 서로 투쟁하며 살아갈 수밖에 없는 처지에 있다.

이제부터 필자는 인간의 의식이 형성되는 과정, 서양인이 창조론이나 진화론을 만들 수밖에 없었던 이유, 교육 시스템의 문제점을 간략하게 들여다보자고 한다. 또한 본론에서 창조론과 진화론의 문제점을 성장론을 통하여 밝히고자 한다.

2 성장론의 연구배경

인류의 기원을 알면 삶의 목적을 알 수 있고, 인간 본연의 모습으로 살아갈 수 있다. 생명의 기원을 밝히는 문제는 그동안 잃어버렸던 인류 역사를 복원하는 문제이기도 하다.

필자는 「천천경전」을 통하여 이를 밝혔다. 「천천경전天天經典」에서 앞의 천天은 하늘 부모님(제1 하나님)을 의미하고, 뒤의 천天은 자신을 낳아 주신 부모님(제2 하나님)을 의미한다. 「천천경전」은 천천교의 경전으로서 성장론을 통하여 인류의 기원을 밝히고 하늘 부모님에 관한 내용과 바르게 살아가는 방법이 담겨 있다.

3 인간의 존재 이유

생명체 기원을 과학적으로 규명하는 문제는 곧 창조론과 진화론의 진리 여부를 밝히는 문제와 연결된다.

영국은 세계를 식민지화하려고 앞장섰던 국가이다. 그러한 영국은 다윈의 진화론을 정치적으로 이용하였다. 즉 영국인이 우월하다는 관점에서 교육이 이루어진 것이다. 이에 따라 우매한 인간은 그것이 사실인 양 믿고 따랐다. 하지만 이제는 "새롭게 밝힌 생명의 기원과 종의 기원"을 통하여 오류를 바로잡았으므로 국가적 차원에서 학생들을 이끌어야 할 것이다.

탐욕에 빠진 인간은 3차원적인 관점에서 만들어진 가치관을 진리처럼 믿고 있다. 그들은 인간의 눈으로 볼 수 없는 4차원의 영적 세계에 대한 근본적인 문제와 우주의 출현, 다양한 생명체의 출현, 그리고 어떠한 과정을 거쳐서 인간이 존재하게 되었는지에 대해 명확한 답변을 내놓지 못하고 있다.

4 창조론, 진화론과 성장론의 상관관계

필자는 「천천경전」을 통하여 생명의 기원이 하나님(하늘 부모님이라고 칭하기도 한다)에 의하여 탄생되었음을 밝혔다. 창조론과 잉태론은 원인론적 관점에서 밝힌 이론이고, 진화론은 결과론적 관점에서 밝힌 이론이다. 이제는 본서를 통하여 비교가 가능해진 것이다.

창조론과 진화론은 생명체 발생에 대하여 원인과 결과라는 관점에서 만들어졌다. 각각 관점이 달라 믿는 자가 자기주장만 늘어놓으므로 직접적인 비교는 사실상 불가능하였다.

성장론은 최초 출현한 생명체가 하늘 부모님에 의하여 잉태되었고 지상에 탄생되어 성장하였다고 본다. 따라서 잉태론이 곧 탄생론이며, 탄생론이 곧 성장론이므로 관점에 따라 달리 표현할 수 있겠다. 원인론적 관점에서 보려면 창조론과 잉태론을 서로 비교하여야 옳고, 결과론적 관점에서 보려면 진화론과 성장론을 서로 비교하여야 해답을 찾을 수 있다.

원인에서 바라본 창조론과 결과에서 바라본 진화론은 관점 자체가 달라 그동안 직접 비교할 수 없었다. 그런 탓에 각각 자신이 믿는 이론이 옳다는 주장을 수천 년 동안 되풀이하고 있다. 이제는 "새롭게 밝힌 생명의 기원과 종의 기원"을 통하여 기성 가치관과 비교가 가능해졌으므로 무엇이 올바른지를 알 수 있다.

지상에서 살아가는 생명체는 과거에서부터 지금까지 부모의 사랑에 의하여 결정되었다. 동식물은 부모에 의하여 종과 형상이 결정된 후 부모를 닮은 모습으로 성장한다. 최초의 생명체도 마찬가지로 하늘 부모님에 의하여 잉태된 후 태어났던 것이다. 그래서 최초 생명체 내에는 인간을 포함하여 지상에 존재하는 수많은 동식물의 종이 내포되어 있었다. 탄생 후 종의 분화 과정을 거치며 본래 결정된 성체의 모습으로 각각 성장하였다. 따라서 자녀가 부모를 닮듯이 지상에 존재하는 생명체는 모두 하늘 부모님을 닮았다.

진화론을 주장하는 과학자는 하늘 부모님을 배제하고 생명체를 관찰하기 때문에 최초 생명체가 자연 발생한 것으로 분석할 수밖에 없었다. 끊임없이 다른 종으로 진화가 이뤄졌다는 관점에서 생명체를 보았으니 결국 무신론자의 의식구조에 부합한 진화론을 창조할 수밖에 없었다.

진화론자의 의식구조로는 최초 생명체의 출현을 상상할 수 없기에 자연 발생하였다고 막연하게 추측하였던 것이다.

그들은 최초 생명체가 출현한 이후만을 관찰한 탓에 미생물 상태에서 자연선택에 의하여 다양한 종으로 진화하였다고 주장할 수밖에 없다.

욕심 관점에서 바라본 창조론과 진화론은 사랑 관점에서 바라본 성장론과 그 뿌리부터가 완전히 다르다. 이에 성장론을 통하여 창조론과 진화론의 거짓을 밝히고자 한다.

창조론은 다양한 동식물이 존재하게 된 원인을 여호와 하나님이 암수 짝을 맞춰 창조하였다고 보는 이론이다. 진화론은 최초에 출현한 미생물이 자연 발생한 후 자연선택과 돌연변이에 의하여 지상에 존재하는 생명체로 진화하였다고 보는 이론이다.

우주가 질서정연하거나 아름다운 동식물이 존재하는 것에 대해서는 신이 창조하였다는 창조론이, 무질서한 물질이 진화하여 아름다운 생명체로 진화하였다는 진화론보다 상대적으로 더 설득력이 있다.

진화론자는 영적 존재를 부정하는 무신론자라서 최초 생명체 출현을 밝히는 것 자체가 불가능한 사람들이다. 생명체가 곧 영적 존재이기 때문이다. 그래서 도킨스와 같은 진화론자는 생명체가 최초 출현한 것은 간과하고 성장과정을 진화과정으로 여겨 진화론이 옳다고 강변한다. 진화론 관점에서 관찰하면 성장과정이 진화과정과 엇비슷하게 보일 수도 있으므로 진화론이 옳다고 확신하였을 것이다.

성장론은 모든 존재는 원인이 존재하기 때문에 결과가 존재한다고 본다. 하지만 진화론은 원인이 없어도 결과가 존재한다고 본다. 진화론을 사이비 과학으로 추정하는 근거가 여기에 있다.

보수주의자와 진보주의자가 토론하는 것을 보자. 보수주의자나 진보주의자는 자신의 주장이 옳다는 입장에서 서로 상대방의 문제점을 지적하므로 결론이 나지 않는다. 관점이 다르기 때문이다. 창조론자와 진화론자도 상대방의 문제점을 비난하는 행위를 통하여 자신이 믿는 가치관이 옳다고 인식한다. 창조론자와 진화론자는 종교와 과학을 표방하면서 권모술수에 능한 궤변가들을 앞세워서 자신의 주장을 관철시키고 있다.

인간은 이원론적 의식구조이기에 두 가설 중 어느 하나를 정답으로 인식하는 경향이 있다. 게다가 확증편향적인 성향도 강해서 자신의 가치관, 신념, 판단 따위와 부합하는 정보에만 주목하고 그 외의 정보는 무시한다. 따라서 자신이 믿는 가설을 바로잡으려 하지 않고 상대방이 믿는 가설을 비난하는 행위를 통하여 점점 자신 확신에 빠진다.

이렇게 탐욕스러운 인간은 우주와 생명체의 결과물을 놓고 자체 내에서 원인을 찾으려 하지 않고 외부에서 원인을 찾으려 한다. 원시 가설을 맹신자가 업그레이드하므로 창조론이나 진화론을 만들 수밖에 없었고, 이것들이 결국 옳은 것으로 귀결될 수밖에 없었다.

5 우주와 모든 생명체는 결과적인 것

약 150억 년 전에는 우주가 존재하지 않았고, 약 46억 년 전에는 지구도 존재하지 않아 생명체가 존재할 수도 없었다. 따라서 우주와 생명체는 원인적인 존재가 아니라 결과적인 존재이다.

원인이 없는 결과는 존재할 수 없기 때문에 지상에 존재하는 모든 생명체는 반드시 부모가 존재한다. 모두가 부모의 사랑에 의하여 부모의 형상을 닮아 태어난 결과적 존재로 보아야 하는 이유가 여기에 있다.

제 2 장

과학과
종교에 대하여

1 과학과 종교

과학 이론과 종교 이론은 접근 방법은 다르더라도 원칙적으로 상통하여야 한다. 진화론과 창조론이 과학과 상통하지 않는 것은 사이비 이론이기 때문이다.

종교와 과학은 상반되거나 역행하는 관계가 아니라 상호 순행하고 보완하는 관계이다. 따라서 하나님의 존재 여부 또는 최초 생명체 출현과 관련된 문제에 대하여 종교 이론과 과학 이론은 상충해서는 안 된다.

흙이나 말씀으로 생명체를 창조하였다고 주장하는 종교인과 후천적 획득형질을 통하여 진화한다고 주장하는 과학자 모두 과학이 아닌 것, 즉 비과학을 받아들이고 있다. 그들은 이미 세뇌된 상태이기 때문에 창조론이나 진화론이 옳다고 강변할 수밖에 없다. 본서에서는 인류에게 정확하게 인식시킬 목적으로 과학적이지 않은 창조론과 진화론을 사이비로 규정하였다.

과학은 사실을 다루고, 종교는 가치를 다루므로 과학과 종교는 상충하지 않는다고 주장하기도 한다. 하지만 이는 과학적이지 않은 창조론과 진화론을 방어하기 위한 권모술수일 뿐이다.

과학은 검증을 통하여 사실관계를 밝히는 학문이다. 창조론과 진화론이 과학과 배치된다면 현대사회에서 주류의 가치관이더라도 사이비일 뿐이다.

과학으로 완벽하게 검증이 안 된 이론은 가설이다. 여러 가지 가설을 객관적인 관점에서 교육하지 않고 다수설이 옳다는 관점에서 행하는 교육은 다수설을 인식시키는 행위이므로 교육이 아니라 세뇌로 보아야 한다.

이러한 다수설에 대한 주관적인 교육 탓에 과학적이지 않은 진화론과 창조론이 현재 진리로 둔갑한 상태이다.

예를 들자면 천동설이 그렇다. 과거에는 천동설이 다수설이었다. 하지만 지금은 그 이론이 틀렸다는 것은 우리 모두 알지 않는가. 다수설이 진리라고 단정 지을 수 없다. 그러므로 객관적인 관점에서 교육이 이루어져야만 학생들을 올바르게 이끌 수 있다.

창조론자는 수많은 생명체 중에서 유일하게 인간에게만 생기라는 영혼을 불어넣었으므로 인간만 영적 존재라고 본다. 진화론자는 영적 존재 자체를 부정하는 일관된 무신론자이다.

인간은 이원론적 관점에서 두 가치관 중 어느 하나만을 진리로 믿는 경향이 있다. 자신의 신념으로 상대방의 흠을 보며 비난한다. 이러한 행위를 통하여 자신이 믿는 창조론 또는 진화론을 진리로 인식하는 것이다.

창조론을 믿는 맹신자가 새로운 종파를 만든다면 당연히 창조론을 이어받을 수밖에 없다. 창조론이 사이비 이론이라면 창조론을 이어받은 종파들도 이유 여하를 불문하고 모두 사이비 종파인 셈이다.

창조론을 이어받은 개신교는 맹신자에 의하여 창조과학을 표방하며 진리의 종교이론으로 변신하였다. 어떠한 종교일지라도 신자가 많으면 권모술수가 능한 맹신자도 많기 마련이다. 그들은 이론을 그럴듯하게 전개하여 합리화 과정을 거친 뒤 자신들의 종교를 진리의 종교인 양 탈바꿈시킨다.

진화론 또한 권모술수가 능한 맹신자에 의하여 과학으로 포장하여 진리의 과학이론으로 변신하였다. 진화론이 옳다고 인식하는 과정은 창조론과 매우 흡사하다. 그래서 진화론을 믿고 실천하는 행위는 일종의 사이비 신앙행위로 볼 수 있다.

미래에는 수없이 많은 변수가 존재한다. 따라서 미래 어느 시점의 역사와 실제 역사는 일치하지 않을 수 있다. 하지만 화석은 과거 어느 시점의 기록들이 쌓여 만들어졌으므로 사실의 기록인 동시에 과학의 기록이다.

현재가 존재하지 않는다면 과거 화석이 만들어질 수 없으므로 현재 발생할 수 없는 사건은 과거에도 발생할 수 없다.

이탈리아 폼페이에서 발굴된 화석의 예를 들어보자. 이 화석은 과거 어느 시점의 사실이므로 해독만 잘한다면 약 2,000년 전 화산폭발로 도시 전체가 화산재에 덮인 상황을 알 수 있다.

지층 속의 화석도 마찬가지이다. 그것은 어느 시점의 기록들이 이어져 만들어진 사실기록이므로 과학에 근거하여 지층을 해독한다면 지층의 나이와 당시 지구 환경을 알 수 있다.

그렇다면 과거 어느 시점의 화석 속에 존재한 생명체와 현존하는 생명체를 종합적으로 비교 관찰하는 방법을 통해 진화론과 성장론 중에서 정답을 찾을 수 있을 것이다.

약 5억 년 전 지층에서 삼엽충과 투구게의 화석이 히말라야 정상의 지층에서 발견되었다. 그렇다면 히말라야 정상의 지층은 당시에는 바다의 지표면이었고, 5억 년 전에 이미 완벽한 기능을 갖춘 삼엽충과 투구게가 바다에서 살았다는 과학적 증거라고 봐야 한다. 따라서 이를 부인하는 과학자가 있다면 사이비 과학자일 것이다.

약 5억 년 전에는 다양한 생명체가 살았지만 그 이후 급격한 환경 변화로 대멸종이 몇 차례 찾아왔다. 그 과정에서 화석 속에서 수억 년 동안 자취를 감추었던 투구게가 현대에 다시 출현하였다. 그렇다면 멸종하지 않고 어디엔가 살아 있다가 다시 발견된 게 아니라 멸종한 후 다시 성장한 것이므로 진화 이론과는 맞지 않는다.

그렇다면 여러 차례의 대멸종이 있을 때마다 죽지 않고 살아남은 어느 생명체로부터 다양한 종으로 진화하였는지, 지상에서 살아가는 생명체가 멸종하였으나 미생물 상태로 살아있었던 생명체가 다시 성장하였는지를 밝혀야 할 것이다.

2 교육과 세뇌

과학적으로 검증된 개념을 가르치거나 과학적으로 검증되지 않은 가설을 객관적인 입장에서 가르치는 행위는 교육이라고 할 수 있다. 하지만 어느 가설이 옳다는 입장에서 가르치는 것은 교육이 아니라 세뇌이다.

교육과 세뇌는 별 차이가 없어 보이지만 실제로는 차이가 크다.

예를 들면, 중세 시대에는 천동설이 다수설이었고, 지동설은 소수설이었다. 당시에는 정답을 알 수 없었으므로 천동설이나 지동설을 객관적 관점에서 가르쳤어야 했다. 그것이 바로 교육이다. 하지만 태양이 지구를 돈다거나, 아침에 태양이 떠오른다고 하는 것은 지구가 정지하고 있다는 관점에서 가르치는 것이기에 이는 엄밀히 말해 교육이 아니라 세뇌이다.

당시에는 태양이 지구를 돈다는 세뇌를 통하여 지구가 정지되었다는 사이비 과학을 은연중 올바른 것으로 인식시키는, 간접적인 세뇌가 이루어졌다.

검증되지 않은 가설, 즉 다수설이 옳다는 관점에서 주관적으로 가르친다면 학생들의 심성을 파괴할 수도 있다. 검증이 끝나지 않은 가설이라면 교육자적 양심을 걸고 객관적으로 가르쳐야 한다.

종교가 교리를 교육하는 것도 마찬가지이다. 과학으로 검증된 내용만을 가르치면 교육이고 과학적이지 않은 교리를 옳다고 가르친다면 교육이 아니라 세뇌이다.

약육강식 성향의 창조론과 진화론에 대한 교육은 학생의 심성을 파괴할 수 있다. 이러한 사실을 알면서도 창조론과 진화론을 주입하는 세뇌는 고의성이 다분하다.

코페르니쿠스의 지동설은 당시에는 과학으로 검증되지 않은 소수설이었다. 지구가 우주의 중심이라는 천동설이 지배적인 기독교 교리로 굳어져 있던 시대적 상황에서도 용감한 가톨릭 수사가 한 명 있었다. 조르다노 브루노라는 인물이었는데 그는 죽임을 당할 때까지 지동설을 주장하였다.

가톨릭이 사랑을 표방하는 종교라면 교황이 브루노의 주장을 구체적으로 알아보고 천동설의 성경 내용을 지동설로 바로잡고 지동설을 주장한 브루노를 성인으로 추대했어야 했다. 그러나 교황과 그 무리는 브루노를 7년간 옥살이시킨 것도 모자라 더 이상 지동설을 발설하지 못하도록 입에 재갈을 물리고 불태워 죽였다. 아직도 천동설 관점의 교리를 답습하고 있는 독재적인 종교가 바로 사이비 종교인 것이다. 이것은 원론적인 지적이며 창조론을 바로잡을 목적으로 지적한 것임을 이해해주기를 바란다.

사이비 종교의 선교에 가담하는 것 자체만으로도 사이비 교리를 자신에게 세뇌시키는 효과가 있다. 신자는 믿음을 바탕으로 신념을 갖게 된다. 이들이 종교 지도자로 성장하여 사이비 교주에게 충성하며 적극적으로 후대 신자를 구속하므로 피폐한 지상 사회가 지속된다.

인간 자체가 영적 존재이기 때문에 상대방을 향한 염원이나 기도를 통하여 상대방의 의식에 영향을 미칠 수 있다.

목표를 두고 상대방을 위하여 기도하거나 염원하는 내용이 상대방에게 전달되어 꿈이나 영적 현상으로 나타나기도 한다. 이러한 현상을 체험한 신자는 자연스럽게 믿게 되므로 그 과정을 거쳐 창조론이 진리처럼 변신할 수 있었다.

비진리에 대한 다각적인 세뇌는 그릇된 교리를 믿게 하여 인간의 심성을 파괴한다. 하지만 진리에 대한 교육은 잘못된 심성을 바로잡아 올바른 삶을 추구하게 한다. 따라서 진리를 교육하는 종교가 얼마나 중요한지를 우리는 알아야 한다.

3 인과법칙

원인을 알고 결과를 모른다면 연역적 방법으로 결과를 알 수 있다. 결과를 알고 원인을 모른다면 귀납적 방법을 통하여 원인을 알 수 있다.

영적 세계와 하늘 부모님은 볼 수 없는 영역이기에 우주 발생 원인이나 생명체 발생 원인에 대해서는 알 수 없다. 그렇다 하더라도 우주나 생명체와 같은 결정적인 물증이 존재하므로 이러한 물증을 잘 관찰할 수 있다면 귀납적인 방법으로 우주와 생명체가 출현하게 된 원인을 알 수 있다.

진화론자가 지상에서 살아가는 동식물을 관찰하여 귀납적인 방법으로 설명하면 과학적이지 않더라도 믿는다. 성장론도 마찬가지로 우주와 지상에 출현한 생명체를 관찰하여 생명체 발생 원인을 귀납적인 방법으로 증명한다면 모두 그 사실을 납득하리라 생각한다.

인류는 생존 경쟁 속에서 터득한 3차원의 의식구조에 부합하도록 창조론이나 진화론과 같은 가설을 만들었다.

인류는 창조론과 진화론에 물든 채 살아왔기에 당장 성장론을 받아들이기란 쉽지 않을 것이다.

4 사이비 신앙

창조론과 진화론은 약육강식 성향이 강한 가설이다. 두 가설을 객관적인 입장에서 가르치지 않고 진리인 양 무조건 옳다고 가르친다면 약육강식 심성으로 살아가도록 이끄는 결과를 낳게 된다. 그렇다면 그들은 직접적인 가해자라 할 수 있다.

종교인과 과학자에게 포섭되어 창조론과 진화론을 믿게 된 것도 세뇌에 의한 믿음일 뿐이다. 시대에 따라서 가변적인 결과물은 진리라고 볼 수 없다.

원인 없이도 결과가 존재한다거나 과학적이지 않은 진화론을 옳다고 주장하는 것은 결국 과학을 부정하는 행위이다. 그들의 주장을 액면 그대로 받아들이는 것은 어리석은 일이다.

과학자는 고성능 망원경으로 우주가 확장되어 가는 과정을 관측하여 우주의 나이가 약 137억 년이라고 추정했다. 또한 지층과 화석을 조사한 결과 지구의 나이는 약 46억 년이라고 보고 있다. 수많은 지층과 화석을 무시하고 우주의 출현과 인류 역사가 불과 6,000년이라는 종교인의 주장보다는 이것이 훨씬 더 과학적이다.

　과학자가 주장하는 우주의 나이와 기독교인이 주장하는 우주의 나이가 약 230만 배나 차이가 난다. 이 점에서는 과학자의 주장이 과학을 무시하는 기독교인의 주장보다 실체적 사실에 더 가깝다. 그렇다면 우주의 나이가 6,000년이라며 창조론을 표방하는 종교는 더 이상 알아야 할 가치가 없다.

　검증된 과학과 상충한다면 이유를 불문하고 사이비이다. 창조론과 진화론이 진리가 되려면 다양한 관점에서 관찰하여도 과학과 일맥상통하여야 하고, 실현 가능하여야 한다.

　기본 상식을 갖춘 과학자라면 과학과 상충하는 창조론과 진화론의 핵심이 사이비임을 바로 판별해낼 것이다. 이러한 상황임에도 우리는 창조론과 진화론 관점에서 인류의 기원과 존재의 의미를 해석하며 두루뭉술하고 맹목적으로 그것들을 받아들여 믿고 있다. 세뇌에 의한 믿음이 크게 작용하기 때문이다.

　창조론과 진화론은 과학적이지 않으므로 사이비 이론이라 단정적으로 말하여도 틀리지 않는다. 하지만 성장론은 과학과 일맥상통하므로 진리의 가치관으로 볼 수 있다.

약육강식적 사고가 바탕에 깔린 창조론과 진화론에 대한 교육은 인간의 심성을 탐욕스럽게 변화시켜 독재사회를 만든다. 이에 반해 부모의 사랑이 충만한 성장론에 대한 교육은 민주적 심성으로 변화시킨다. 이에 따라 학생들에게는 전혀 피해가 가지 않기 때문에 이를 공교육에 적극적으로 반영하여야 한다.

5 물 위를 뛰는 도마뱀, 물 위를 걷는 인간

북부 아메리카에 서식하는 '바실리스크' 도마뱀은 뒷다리의 뛰어난 순발력을 이용하여 물 위를 뛰어다닐 수 있다.

'바실리스크'가 물 위에서 뛰어다니는 묘기를 부릴 수 있는 것은 가벼운 몸무게, 뛰어난 순발력, 그리고 뒷다리의 편평한 발바닥이 지닌 표면 장력과 발가락으로 일으키는 공기 방울에 의한 부력에 있다. 빠른 속도로 뛰지 않는다면 몸무게가 가볍더라도 물 위에서 몸무게를 지탱할 수 없어 물속에 빠진다.

'바실리스크' 도마뱀이 물 위를 뛰어다닌다는 주장은 실체적 사실관계와 부합한다. 그러므로 '바실리스크' 도마뱀에 대한 과학적인 설명만으로도 충분히 납득할 수 있다.

하지만 예수가 갈릴리 호수에서 물 위를 걸었다는 주장은 '바실리스크' 도마뱀과는 크게 다르다. 인간은 무거운 몸무게, 둔한 순발력, 몸을 물 위에 띄울 수 없는 좁은 발바닥을 지녔다. 따라서 어떠한 경우에도 물 위를 걸어 다닐 수 없다. 그럼에도 불구하고 기독교 신자들은 예수가 물 위를 걸어 다녔다는 성경 기록을 믿고 있다. 이것의 최종 목적은 예수를 메시아로 귀결시키거나 창조론을 진리로 받아들이게 하기 위해서이다.

구세주라면 구세주가 아니라고 비난한다고 해서 구세주가 아닌 것이 될 수는 없다. 사이비 구세주를 구세주라고 믿는다고 해서 구세주가 되는 것 역시 아니다. 그러므로 사이비 구세주를 믿는다고 하더라도 구원받을 수 없다. 무지몽매한 신자는 자기 자신의 부모를 배척하며 부모 행세하는 사이비 교주를 실체적 부모로 믿고 그들에게 구속되어 살아간다.

사랑의 교주를 표방하면서 그가 심판한다는 것은 이율배반적이다. 명백한 사이비 교리이다. 신자는 교주의 관점에서 성경을 해석하고 스스로 심판받으며 구속되므로 사이비 교주라는 사실조차도 알아차리지 못한다. 이제부터라도 예수가 물 위를 걸어 다녔다는 성경 기록을 맹목적으로 믿지 않기를 바란다. 과학적으로 검증된 내용만을 선별적으로 믿어야만 올바른 의식을 갖출 수 있고 창조론을 바로잡을 수 있다.

예수가 물 위를 걸었다는 성경 기록이 옳다는 종교라면 그 한 가지만으로도 사이비 종교로밖에 볼 수 없다.

보수 독재정권이 사건을 조작하거나 가짜 뉴스를 만들어 국민의 의식을 왜곡시켜 놓고 민주정권 행세하는 것 역시 이와 크게 다르지 않다. 그렇게 하면 결국 탐욕스러운 다수의 국민이 보수 독재정권을 민주정권으로 인식하고 추종하게 된다. 마찬가지로 종교를 만든 독재자가 사건을 조작해 세뇌하면 탐욕스러운 대다수 신자는 사이비 교주를 사랑의 하나님으로 믿고 따르게 된다.

정치·종교적 이익을 얻으려고 관련 사건을 조작한 자, 가짜 뉴스를 만들거나 퍼뜨려 국민을 기망한 언론인은 원죄인간으로 지목하여 격리할 필요가 있다. 그렇게 하면 사이비 종교와 독재정권은 발붙이기가 어려울 것이고 점차 민주화가 진행될 것이다.

6 사이비 과학과 지식인의 역할

진화론을 신봉하는 사회는 약육강식과 적자생존을 추구하는 보수주의자가 중심이 된 독재사회가 될 것이다.

창조론을 떠받드는 사회도 별반 다를 게 없다. 교주의 심판과 원죄의식을 전수받으므로 보수 독재사회가 펼쳐진 것이며 사람들은 침략적인 심성을 갖게 되는 것이다.

하지만 사랑이 충만한 성장론을 믿으면 민주적 심성으로 변화되므로 민주사회가 전개되는 것이다.

각종 종교와 사상에 의하여 자신도 모르게 보수적으로 변질된 탓에 한국 사회는 현재 보수주의자가 다수를 형성하였다. 이렇게 창조론과 진화론을 믿으면 인성이 탐욕스러워지므로 판단력이 흐려진다.

독재적인 환경에서 창조론과 진화론의 문제점을 지적하면 마귀가 씐 사람 혹은 사이비 지식인으로 매도되어 핍박당할 수밖에 없다. 이러한 환경에서는 사이비 이론을 바로잡기가 불가능하다.

모세가 만든 창조론을 사이비 이론이라고 본다면 유대교에서 분열된 종파도 모두 사이비 종파라고 보아야 한다. 원시 과학자가 만든 진화이론이 사이비 이론이라면 그 이론으로부터 파생된 진화이론 역시 모두 사이비 이론에 불과하다.

가톨릭에서 파생된 어느 개신교 종파가 진리의 종교로 행세하면 원조 종교가 보다 깊게 뿌리를 내린다. 가톨릭과 개신교 종파는 서로를 비난함으로써 자신이 믿는 것이 진리라고 생각한다. 이는 결국 서로 공생하는 원인이 된다.

기독교와 이슬람교도 마찬가지이다. 상대방 종교를 사이비라고 비난하거나 서로 싸우는 과정에서 함께 공생한다. 이를 통해 성장하는 한통속의 사이비 종교인 셈이다. 참으로 아이러니가 아닐 수 없다.

어느 종교에서 파생된 종파는 모교의 교리를 이어받아 업그레이드할 뿐이다. 그렇게 유대교의 핵심 교리인 창조론은 유대교에서 가톨릭과 이슬람교로, 가톨릭에서 수많은 개신교 종파로 이어져오고 있다. 유대교와 가톨릭, 개신교 신자는 자신이 믿는 창조론을 편협된 시각에서 보기 때문에 과학적이지 않더라도 창조론이 옳다고 인식한다.

종교 지도자가 무소불위의 종교 권력으로 창조론을 세뇌시키면 미성년자와 부녀자는 이를 마치 진리인 양 믿는다. 그러면 결국 사이비 교주를 구세주로 믿는 우를 범하게 된다.

7 종교인과 진화론자

기독교에서 설교의 단골 메뉴 중 하나가 오병이어의 기적이다. 빵 다섯 개와 물고기 두 마리를 가지고 수천 배를 뻥튀기하는 기적을 통하여 오천 명의 군중을 먹이고도 남았다는 것이 핵심 골자이다. 소위 오병이어의 기적을 수천 번 들은 신자는 이미 세뇌된 상태이기에 오병이어의 기적을 실체적인 사건으로 믿는다. 이렇게 종교가 가짜 사건을 만들어 세뇌하면 신자는 보수적인 사상을 이어받게 되고 사이비 종교를 추종하며 왜곡된 심성으로 살아가게 된다. 그러한 신자는 가짜 사건을 만든 사이비 종교를 탓해야 하지만 오히려 선량하게 살아가는 불신자를 탓한다. 불신자 때문에 피폐한 사회가 조성되었다며 억울한 불신자를 심판하고 있는 것이다.

성경에 기록된 오병이어의 기적과 같은 조작된 수많은 사건을 믿고 왜곡된 심성을 갖게 되면 과학을 배척하며 흙이나 말씀으로 우주와 생명체들을 창조하였다는 창조론을 믿게 된다. 이 과정에서 신자는 보수적인 성향으로 바뀌어 약자를 심판하면서 보수와 진보의 독재 정권을 추종하게 된다. 하지만 이들이 곧 악의 무리인 셈이다.

멘델은 유전법칙을 근거로 교배 또는 격리와 같은 후천적 획득형질에 의해서는 진화하지 않는다고 주장했다. 하지만 진화론을 수천 번을 들어 이미 세뇌되어 있는 진화론자에게는 이를 아무리 교육해도 소용이 없다. 그들은 뒤돌아서면 곧바로 교배와 격리, 환경의 변화를 통하여 끊임없이 다른 종으로 진화한다며 진화론을 반복적으로 외쳐 댄다.

사이비 종교 교주가 창조론을 만들면 세뇌된 맹신자에 의하여 창조 과학으로 그럴싸하게 포장된다. 원시 과학자가 진화론을 만들면 사이비 과학자에 의하여 자연선택에 의한 진화로 포장된다.

제 3 장

인간은
어떠한 존재인가?

1 인간은 영인과 육신으로 구성되어 있다

인간이 어떠한 존재인가를 알아야 우리는 생명의 기원을 알 수 있다. 따라서 인간이 어떻게 구성되어 있는지를 알고, 의식이 발생하거나 표현되는 메커니즘을 알아야 최초 생명체가 발생하게 된 원인을 알 수 있다. 그렇다면 먼저 인간에 대하여 알아보자.

인간은 어떻게 구성되어 있을까? 필자는 「천천경전」을 통하여 인간의 몸 안에 영인이 존재하고 영인과 육신이 일체화되어 살아가고 있다고 밝혔다.

인간은 영인과 육신이 일체화되어 같은 형상으로 살아가고 있다. 지금까지 영인이 곧 자신임을 알지 못했기 때문에 영인의 존재를 부정하고 있었다. 인간은 영혼이나 혼백, 혼불, 귀신(이하 영인이라 한다)이 존재할 것으로 추정하면서도 자신과 다른 별개의 존재라고 생각했다. 육신만을 자신이라고 생각하기 때문이다.

인류는 그동안 육신만을 인간으로 보고 유물론적 관점에서 뇌의 각 기관을 관찰하며 의식의 발생 원인을 찾으려 하였다. 육신의 뇌가 마치 인공지능 컴퓨터처럼 경험했던 사실이나 터득한 지식을 뇌세포의 어딘가에 저장하면 그 뇌세포에서 마음이나 생각이 발생하거나 정신 작용이 이뤄진다고 본 것이다.

이러한 발상은 진화론자뿐만 아니라 인간이 영적 존재라고 믿는 종교인도 마찬가지이다. 그들 모두 자신의 영인을 배제한 채 육신만을 인간으로 보고 있다. 그래서 인간의 뇌세포에 정보가 저장되거나 뇌세포에서 마음이나 의식이 발생하여 사고하거나 행동한다고 믿는다. 그러므로 뇌의 용량에 따라 고등동물이나 하등동물이 결정된다고 생각한다.

이에 대해 한번 살펴보도록 하자. 유물론자는 육안으로는 영인을 볼 수 없어 영인을 부정한다. 그러나 영인은 인간의 육신과 일체화되어 살아가고 있다. 그렇다면 육신의 형상은 곧 영인의 형상이라고 볼 수 있다. 정확하게 표현하면 영인이 원인적 존재이고 육신은 결과적 존재이므로 영인의 형상이 곧 육신의 형상인 것이다.

모든 생명체는 영체와 육체가 일체화되어 같은 형상으로 살아가기 때문에 육신을 통하여 영인의 형상을 알 수 있다.

영인의 뇌에서 이뤄지는 생각이 일체화된 육신의 뇌를 통하여 정보 처리 되어 행동으로 표현된다. 하지만 우리 인간은 영인의 의식으로 살아가면서도 뇌세포에서 발생한 육신의 의식으로 살아간다고 믿는다. 육신 관점에서 살아가는 인간은 육신의 행동이 곧 영인의 행동임을 지금까지 알지 못했다.

영인의 뇌에서 발생한 마음이나 생각이 육신의 뇌에서 정보처리하여 외적인 육신의 행동으로 표현된다. 이 사실을 정확히 알아야만 자신을 알았다고 말할 수 있고 창조론이나 진화론의 문제점을 파악할 수 있다.

인간은 오랜 세월 생존경쟁 속에서 육신만을 의식하는 삶을 살아왔다. 과거 원시인의 생각 그대로 육신의 뇌가 마음이나 의식을 생성하는 기관으로 알고 살아왔기 때문에 영인의 뇌에서 발생한 마음이나 생각이 육신의 뇌에서 정보처리 되어 외적으로 표현되는 것인지 알지 못했다. 아주 기초적인 사실인데도 말이다.

실체적 사실관계를 밝혀야 할 과학자 역시 인간의 뇌가 마치 인공지능 컴퓨터와 같이 뇌세포의 어느 곳에 정보가 저장되거나 생각이 발생하여 사고하거나 행동한다고 믿는다. 그들은 당연히 유물론자이므로 실체적 내용을 밝힐 수가 없었다.

탐욕스러운 인간은 약육강식이라는 사고방식에 사로잡혀 살아가므로 자주적으로 세상을 바라보지 못한다. 그들은 제3자의 관점에서 세상을 바라보기 때문에 사리 분별도 제대로 하지 못한다. 즉, 보수와 진보의식을 가진 인간은 육신의 관점에서 세상을 바라볼 수밖에 없다. 그동안은 육안으로 볼 수 없는 4차원의 영적 세계와 영인의 존재를 부정했기 때문에 창조론과 진화론의 문제점을 알 방법이 없었다.

2 인간의 뇌는 영인의 의식을 변환하는 기관이다

언어 또는 운동을 주관하는 뇌는 다른 부위의 뇌와 연관성이 많다. 연관성이 많다면 언어나 운동을 주관하는 특정 부위의 뇌를 제거했을 때 언어나 운동 활동에 문제가 있어야 할 것이다. 그런데 만약 특정 부위의 뇌가 제거된 사람이 언어나 운동 활동에 지장이 없었다는 사례가 있다면 과학자의 주장이 잘못되었음을 입증하는 것이 될 것이다.

실제로 이러한 임상 사례가 다수 존재한다. 진화론에 세뇌된 과학자는 마음이나 생각이 뇌세포에서 발생하고 행동이 이뤄지는 것으로 알고 있다. 육신의 뇌는 영인의 뇌에서 발생하는 의식을 변환하는 기관임을 뇌과학자조차도 모르고 있다.

컴퓨터처럼 인간의 뇌에 기억을 저장하거나, 뇌의 어느 부위에서 마음 작용이 일어나고, 컴퓨터의 중앙처리장치(CPU)처럼 뇌의 전두엽과 같은 곳에서 정보를 처리하여 마음이나 생각이 발생하는 것으로 과학자들은 생각하고 있다.

과학자의 주장이 맞으려면 어느 부위의 뇌세포가 파괴되어 저장된 기억을 상실했을 때 손상된 기억을 다시 되살릴 수 없어야 한다. 그러나 뇌세포가 손상되어 기억을 되살리지 못한 치매 환자가 자신이 가장 사랑하는 배우자나 자녀에 대한 특별한 기억을 선택적으로 되살리는 사례를 우리는 흔히 목격한다. 이 사례를 통해 우리는 뇌세포에서 의식이 발생한다는 과학자의 주장이 잘못되었다는 사실을 알 수 있다. 그런데도 과학자는 여전히 자신의 주장을 반복할 뿐이다.

　기독교뿐만 아니라 이슬람교 또는 불교를 믿는 종교인도 뇌세포에서 마음이 발생하는 것으로 믿는 유물론자이다. 그런 탓에 영인의 존재를 알 수 없었다. 또한 영인의 뇌에서 발생한 의식을 육신의 뇌에서 정보처리 하거나 육체를 통하여 표현되는 메커니즘도 알 수 없었다.

　그것이 육신으로 표현된 행동이 영인의 행동임을 알 수 없었던 이유이다.

　예를 들면 창조론과 진화론을 믿는 자는 '당신을 사랑한다'라고 생각한다면 사랑하겠다는 의식이 뇌세포에서 발생하고 그 후에 말과 행동으로 표현되는 것으로 생각한다. 자신의 의식이 뇌세포에서 발생한다는 것은 수동적으로 행동이 이루어진다는 것을 의미한다. 하지만 그렇지 않다. 인간은 '당신을 사랑한다'라는 주관적 의지를 생성한 후 말과 행동으로 표현한다.

　인간을 컴퓨터라고 가정해 보자. 그렇다면 육신은 하드웨어로 볼 수 있고, 영인은 소프트웨어의 응용 프로그램으로 볼 수 있다.

　컴퓨터의 하드웨어는 소프트웨어의 응용 프로그램을 표현하는 변환기기에 불과하다. 창조론자와 진화론자는 하드웨어에서 소프트웨어 프로그램이 발생하여 모니터에 표현된 것으로 생각한다. 발상 자체가 잘못되었다. 응용 프로그램을 입력한 대로 하드웨어에서 정보처리하여 모니터에 표현되는 것이다.

정상적인 컴퓨터라 하더라도 쓰레기 프로그램을 입력해 놓고 쓰레기 화면만 나오면 고장 난 컴퓨터로 볼 수 있다. 영인의 존재를 부정하는 의사가 우울증 환자가 이상 행동을 보일 때 육신의 뇌가 고장 난 것으로 판단하여 그 부위를 수술하는 형국이다. 영인의 병인 정신병을 고쳐야 하는데 말이다. 이러한 의식을 가진 의사는 빙의된 정신병자의 멀쩡한 뇌를 수술하여 육신까지 병신을 만들 가능성이 농후하다. 뇌수술은 다만 육신의 뇌 손상으로 발생한 중풍이나 치매와 같은 정신병 증세에만 치료 효과가 있을 뿐이다.

3 중풍과 치매의 발병 원인

과학자와 종교인은 뇌세포에서 의식이나 마음이 생긴다고 믿는다. 따라서 손상된 뇌세포에서는 마음이나 생각이 생길 수 없다고 본다.

중풍이나 치매 환자는 뇌의 손상된 부위에 따라 영인의 생각이나 마음을 정상적으로 표현할 수 없다. 따라서 외적으로는 어눌한 모습의 중풍 환자가 되거나 치매 환자가 된다. 창조론자와 진화론자는 영인의 존재를 부정하는 유물론자이기에 손상된 뇌세포에서 의식이 정상적으로 생길 수 없다고 본다. 그러니 어눌한 중풍 환자와 치매 환자가 되었다고 믿을 수밖에 없었다.

육신을 통해서만 모든 정보가 입출력되거나 표현되기 때문에 겉으로만 보면 육신의 뇌에서 의식이 생긴다고 생각하기 쉽다. 하지만 자녀나 배우자와의 특별한 기억을 되살릴 수 있는 것만 보아도 이것이 근본적으로 잘못되었다는 사실을 알 수 있다. 인류 역사상 어느 누구도 정확하게 알지 못하였기 때문에 현 인류의 의식구조로는 창조론이나 진화론을 바로잡을 수 없다.

육신이 노화되어 심장과 같은 주요 장기가 작동을 멈추거나 사고로 정상 작동이 이루어지지 못하면 생명을 유지할 수 없다. 육신이 사망에 이르게 되는 것이다. 이 경우 육체와 일체화되어 활동하였던 영인이 육신을 떠나게 되며 육신의 죽음과 동시에 분리된 영인은 영적 세계에서의 삶을 시작한다. 그 영인은 인간의 눈으로는 볼 수 없는 영적 존재이다.

육신에서 분리된 영인의 형상이나 의식은 그대로 유지된다. 영인이 살아있을 때와 똑같은 형상과 의식을 가졌기 때문이다. 곤충이 번데기를 탈피하여 나비가 되듯이 육신에서 탈피된 영인은 자유로운 영적 세계에서 살아가게 된다. 그 영인은 지상에서 살아가면서 형성된 마인드대로 영적 세계의 삶을 시작하는 것이다.

육신은 늙거나 병이 들어도 죽지 않고 영원히 살 것으로 인식한다. 이는 인간의 마음이 곧 영인의 마음이고 그 영인은 늙지 않고 영원히 살 수 있는 것을 은연중 알기 때문에 나타나는 현상이다.

종교인뿐만 아니라 과학자도 영인의 껍데기에 불과한 육신을 본질의 인간이라고 믿고 있다. 실질적인 인간인 영인의 존재를 부정하기 때문이다.

껍데기와 같은 육신은 본질의 인간이 아니라 현상의 존재일 뿐이다. 자신의 의지대로 생각하거나 행동하며 영원히 살 수 있는 영인이 본질의 인간임을 우리는 알아야 한다.

영인과 육신이 일체화되어 살아가는 인간이 영인의 의식으로 살아간다는 사실을 알아야 한다. 최초 생명체가 발생하게 된 원인을 알 수 있는 기초 지식이기 때문이다. 과학자가 가장 먼저 검증하여야 할 핵심 과제가 바로 이것이다.

사고를 당하여 팔다리가 없는 장애인이 팔다리가 가렵거나 팔다리에 통증을 느끼는 경우가 있다. 인간의 눈으로 볼 수 없지만 영인의 팔다리는 그대로 존재하기에 팔다리에 통증을 느끼는 것이다. 영인의 팔다리에 느끼는 통증을 육신의 통증으로 인식하기 때문이다.

이러한 현상을 통하여 우리는 인간에게 빙의된 영인의 어느 부위의 통증이 육신의 해당 부위의 통증으로 나타난다는 사실을 알 수 있다.

4 임사체험에 대하여

임사체험과 관련하여 살펴보자. 인간은 간혹 사고나 질병 따위로 심장과 뇌와 폐기능이 멈춰 의학적으로 사망한 상태에서도 되살아나는 경우가 있다. 그러한 사람 중에서 약 15% 정도가 사후세계를 체험한다. 이를 임사체험 또는 근사체험이라고 한다. 임사체험자들은 일관성 있게 자신(영인)이 죽은 자신(육신)을 위에서 내려다보았다고 주장한다.

마음이나 생각이 육신의 뇌에서 생긴다면 육신이 사망하였으므로 임사체험은 존재할 수 없다. 창조론자나 진화론자의 시각에서 보자면 그렇다는 얘기다.

그러나 임사체험자 모두가 예외 없이 공중에 떠 있는 자신(영인)이 죽어 있는 자신(육신)의 모습을 내려다보았다고 주장하며 육신이 사망한 기간 동안 주변의 상황을 정확하게 진술하고 있다. 실체적 사실이기 때문이다.

우리는 임사체험 사례를 통하여 의견이 일치하는 두 가지의 실체적 사실을 확인할 수 있다.

첫 번째는 육신만을 자신으로 생각해 왔는데 사망 후에는 인간의 눈으로는 볼 수 없는 또 하나의 자신(영인)이 존재한다는 것이다.

두 번째는 인간은 창조론자나 진화론자와 같이 마음이나 의식이 육신의 뇌에서 생기는 것으로 알고 있으나 육신의 사망과 동시에 사망 전의 마음이나 의식이 자신(영인)에 의하여 그대로 유지된다는 것이다.

영인이 육신에서 분리되면 육신은 시체나 다름없는 상태가 되지만 영인은 살아서 심폐소생술을 시행하는 의사를 공중에서 내려다본다는 것이다.

그렇다면 인간이 육신의 뇌에서 생기는 의식으로 살아가다가 사망한 후에는 시신에서 똑같이 생긴 또 다른 자신(영인)이 홀연히 생겨나 육신의 의식을 인수 받아 영인의 의식으로 살아갈까? 아니다.

앞에서 밝혔듯이 인간 자체에는 이미 영인과 육신이 일체화되어 함께 공존하고 있다. 평소에는 영인의 의식으로 살다가 육신의 사망과 동시에 영인은 육신에서 분리되는 것이다. 우리는 임사체험 사례를 통해 사망 후 육신과 일체화되어 형성되었던 영인의 의식으로 영적 세계에서 살아간다는 사실을 알 수 있다. 임사체험자의 영인이 육신에서 분리되면 육신은 죽는다. 그러나 그 영인이 다시 육신에 들어오면 되살아나 예전처럼 영인의 의식으로 살아가는 것이다.

유물론에 사로잡힌 인간은 그동안 영인과 육신이 일체화된 상태에서 영인의 의식으로 살아가는데도 그 존재를 부정했다. 모든 정보의 입출력이 육신을 통하여 표현되었기 때문이다. 지금도 인간은 껍데기와 같은 육신을 본질의 인간으로 여기며 뇌에서 생긴 의식으로 산다고 믿고 있다.

한국의 무당은 영안을 통하여 지상을 떠도는 영인을 보거나 영인의 존재를 느낀다. 이들은 전체 인구 중 1%도 안 되는 소수이다. 다른 나라의 무당들도 마찬가지다. 무당이 영인을 본다는 것은 실체적 사실이므로 사후 세계와 영인의 존재를 당연히 믿을 것이다. 그러나 영인을 볼 수 없는 99.9%의 창조론자와 진화론자는 자신의 얄팍한 지식을 믿고 영인을 직접 보는 무당의 주장을 미신이라고 치부한다. 그들은 무당을 사기꾼 취급하며 창조론이나 진화론이 옳다고 지금까지 강변해 왔다. 참으로 어이없는 일이 아닐 수 없다. 여기에서 실체적 사기꾼은 무당이 아니라 영인의 존재를 부정하는 자이다. 그렇다면 영인이 존재하지 않다는 미신을 만들어 놓고 미신을 믿는 그들이야말로 무당의 주장을 배척하는 실체적 사기꾼인 것이다. 공기 중에 산소와 질소가 존재하는데도 눈에 보이지 않는다고 하여 존재 자체를 부정하는 원시인과 같은 자들이었다.

5 생명체가 존재하게 된 원인을 밝히는 방법

무신론자는 유신론자를 향하여 하나님과 영적 세계 또는 영인의 존재를 입증하라며 비아냥거린다. 하지만 자신이 영적 존재인 사실조차도 부정하는 무지한 자에게 영적 세계와 영인의 존재에 대한 어느 무엇을 밝힌다 해도 그들은 믿기는커녕 꼬투리를 잡아 비난할 것이다.

의식이 생기는 메커니즘을 인정해야만 무신론자는 영적 세계와 하늘 부모님을 알 수 있다. 그래야만 생명체가 존재하게 된 원인에 대해서도 이해할 수 있다.

창조론자와 진화론자는 뇌세포에서 마음이 생긴다고 믿는다. 하지만 이에 반해 성장론은 영인의 뇌에서 마음이 생긴다고 믿기 때문에 근본적으로 생각이 다르다. 따라서 이 차이를 알아야만 생명의 기원에 대한 퍼즐을 맞출 수 있고, 비뚤어진 인류의 심성을 바로잡을 수 있다.

필자는 영인의 존재가 육신과 일체화되어 있는 것을 바탕으로 성장론(잉태론)을 밝혔다. 앞으로 창조론, 진화론과 성장론에 대하여 객관적으로 교육이 이루어진다면 빠른 시일 내에 성장론으로 바로잡을 수 있을 것이다.

창조론과 진화론에 세뇌된 인간은 4차원적으로 사고방식을 바꾸어야만 성장론을 이해할 수 있다.

무신론에 집착하는 인류는 기존 주장을 되풀이할 수밖에 없는 좀비와 같은 의식 상태에 빠져 있다. 안타까운 상황이다.

6 영적 존재에 대하여

다음 화면들은 고스트 헌터가 심령과학 장비인 모션디텍터로 영인을 찍은 동영상을 캡처한 것이다.

모션디텍터는 인간이나 영인(귀신)을 적외선 카메라로 촬영한 것으로 인간의 형체로 인식할 경우 아래와 같이 영인의 개략적인 모습을 모니터로 볼 수 있는 심령장비이다.

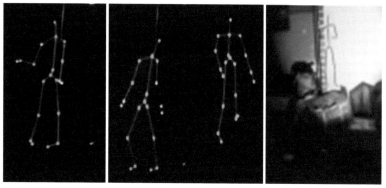

영인을 찍은 영상들

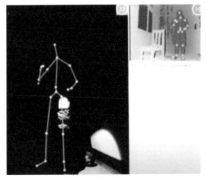

사람을 찍은 영상들

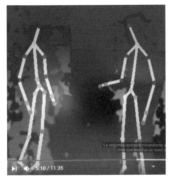

좌측 영인, 우측 사람을 찍은 영상들

상기 첫 번째 칸 사진 3장은 영인을 찍은 심령사진으로, 인간 형상
으로 인식할 때만 그림과 같은 영상이 찍힌다.

두 번째 칸 사진 2장은 모션디텍터로 사람을 찍은 영상을 캡처하였
다. 사람은 당연히 사람으로 인식하므로 영인과 같은 형상이 찍힌다.

세 번째 칸 사진 2장은 영인과 사람이 함께 찍은 사진으로 사람의

모습도 영인과 같이 인식하기 때문에 영인의 형상과 같은 사진이 찍힌다.

영인과 육신이 일체화되어 지상에서 살았던 인간이 죽으면 육신은 지상에서 소멸되지만 영인은 육신에서 분리되어 영적 세계에서 삶을 이어간다.

욕심에 사로잡힌 인간은 육신의 집착을 버리지 못하므로 사망하여도 대부분 본래 살아야 할 영적 세계에 들어가지 못하고 죽은 장소나 자신이 살았던 곳을 배회한다. 그들은 시신을 자신으로 인식하므로 부패해가는 시신의 형상으로 죽은 장소나 자신이 묻혀 있는 묘 주위와 폐가를 떠돌면서 자신을 믿고 따르는 후손이나 신자를 괴롭히는 악귀로 살아가고 있다.

인간의 육안으로는 영인을 볼 수는 없다. 하지만 이제는 과학이 발달하여 모션디텍터라는 과학 장비로 지상에서 살아가는 영인의 개략적인 사진을 찍을 수 있다.

영인의 형상이 인간의 형상과 같아서 모션디텍터라는 적외선 카메라로 찍으면 같은 형상으로 찍히는 것이다.

보통 사람은 영안이 열려 있지 않아 영인을 볼 수 없다. 하지만 무당은 영안이 열려 있어 영인을 직접 보거나 느낄 수 있다. 폐가 촬영에 참가한 무당이 지적하는 곳에서 모션디텍터로 영인의 모습을 촬영하는 것을 보면 모션디텍터에 찍힌 영상은 실체적 영인임을 알 수 있다.

여기에서 우리는 중요한 내용을 파악할 수 있다.

모션디텍터로 영인을 촬영하였다는 것은 곧 영인이 존재한다는 것을 의미한다. 이를 통하여 영적 세계가 존재한다는 것을 알 수 있다. 그렇다면 육신을 낳아주신 부모가 존재하듯이 당연히 영인을 낳아주신 부모가 존재한다는 사실도 알 수 있다. 영인은 육신의 모습과 같기 때문이다.

지상에 존재하는 생명체의 부모를 거슬러 올라가다 보면 최초 생명체에 이르게 되고 결국 하늘 부모님에 의하여 존재하게 되었다는 결론에 다다른다. 마찬가지로 눈으로 볼 수 없는 영인의 부모를 거슬러 올라가다 보면 최초 영인이 존재한다는 결론에 이른다. 이로써 우리가 볼 수 없는 하늘 부모님이 존재한다는 사실 또한 알 수 있다.

모션디텍터라는 과학 장비를 통하여 영인의 존재를 찍는 사실 하나만으로도 우리가 볼 수도 없는 영적 세계와 하늘 부모님이 존재하신다는 것을 밝힐 수 있다.

일반 카메라에 영인이 찍힌 희귀한 사진이나 영상이 가끔 화제가 되는데 진화론자는 영인의 존재를 부정하기에 어떠한 이유를 붙여서라도 조작된 사진이라고 주장한다.

진화론자는 무신론자이기에 영인의 존재를 인정할 수 없다. 인정하면 그 즉시로 사이비 진화론자로 전락하기 때문이다. 그러기에 무당이나 심령과학자가 영인을 인정하는 것을 미신이라고 일방적으로 부정하고 있다. 하지만 이제는 모션디텍터와 같은 과학 장비를 이용하여 영인을 촬영하거나 영인이 실존함을 입증하고 있다. 진화론을 주장하려면 앞으로 모션디텍터에 찍힌 영인이 영인의 존재가 아니라는 것을 입증한 후에 진화론이 옳다고 주장해야 할 것이다. 그렇게 하지 못하겠다면 자진하여 진화론을 폐기할 때가 되었다.

영적 존재 당사자이면서도 영적 존재를 부정하는 확증편향적 진화론자야말로 믿고 싶은 것만 선택적으로 믿는 사이비 신앙인이다. 따라서 그들은 앞으로도 모션디텍터와 같은 과학 장비를 통하여 영인의 존재를 촬영한 직접적 물증마저도 끝까지 부정할 것이고 지금까지 해왔던 자신의 주장을 반복할 것이다.

제 4 장

성장론

1 성장론

필자는 「천천경전」을 통하여 하늘 부모님에 의하여 생명체가 탄생한 이후 지상의 생명체들로 성장하였다는 사실을 인류 역사상 처음으로 밝혔다. 이것이 바로 성장론이다. 성장론은 생명체가 하늘 부모님의 참사랑을 통하여 탄생한 후 성장한다는 이론이다.

지상에 존재하는 생명체는 하늘 부모님으로부터 탄생한 후 오랫동안 종의 분화과정을 거치며 종 본연의 성체로 성장한다. 조류는 성장과정에서 날개가 돋아날 시기가 되면 날개가 생겨 날아다니게 된다. 따라서 기어 다니다가 날아다니기까지의 소위 '진화과정'이라는 기간 자체가 존재하지 않는다.

왜냐하면 진화한 것이 아니라 성장하였기 때문이다. 그래서 화석에서 곤충이든 조류이든 날개가 생기는 진화과정의 직접적인 화석이 발견되지 않는 것이다. 진화론자는 천태만상의 다양한 화석들을 나열해 놓고 진화론에 꿰맞춰 이론을 전개해나갈 뿐이다.

다각적인 측면에서 밝힌 '성장론'은 진화론자의 경서인 '종의 기원'

과 같이 연구 형식을 통한 주장은 아니다. 그렇다 하더라도 검증이 완료된 현대 과학의 관점에서 밝혔기 때문에 누구나 납득할 수 있으리라 생각한다. 창조론과 진화론은 원시 종교인과 원시 과학자가 밝힌 이론을 후대 맹신자가 과학으로 포장해 놓았기에 현대인이 믿는 것이다. 하지만 성장론은 검증된 현대 과학을 바탕으로 했기에 진리임을 깨닫게 될 것이다.

창조론자와 진화론자는 성장론이 기성 이론과 다르다고 하여 사이비 이론이라며 비난할지도 모른다. 이제는 새롭게 밝힌 성장론을 객관적인 관점에서 평가하여야 한다.

2 생명체와 물의 발생원인

초기 지구는 수천 년 동안 용암이 들끓는 불덩어리였다. 진화론자도 초기 지구가 완전한 무균 상태였음을 잘 알고 있다. 지구 자체에서는 생명체가 발생할 수 없었다고 본 것이다.

수많은 은하계도 우리 은하계와 같은 형성과정을 거쳤으므로 생명체의 발생 원인을 지구 자체에서 찾아야 한다. 하지만 진화론을 추종하는 과학자는 이와 반대로 생명체가 외계로부터 유입되었다거나 우주 공간을 떠돌던 운석에 있던 아미노산과 같은 물질 등이 유입되어 생명체가 자연 발생하였다고 주장한다. 생명체 발생 원인을 지구 밖에서 찾는 것이다. 우주의 물질도 지구의 물질과 같은데도 말이다. 이들은 과학의 탈을 쓰고 인류를 기망해 온 흉악한 사이비 과학자일 뿐이다.

　지구를 형성하는 물질 중 수소와 산소는 지상에 존재하는 물의 비율만큼 있었다. 그러다 지구가 식으면서 수소와 산소가 결합하여 물이 자체적으로 생겨났다. 따라서 물이 외계로부터 유입되어 바다가 형성되었다는 것은 진화론자의 그릇된 주장이다.

　지구의 물이 외계로 증발하지 않는다면 그 총량은 영구적으로 변하지 않는다. 태양처럼 덩치가 큰 항성이라면 그 크기에 비례하여 엄청난 양의 수소와 산소가 존재할 것이다. 그러므로 우리는 그 수소가 핵융합을 통하여 지속적으로 폭발한다는 사실을 충분히 이해할 수 있다.

　태양을 공전하는 소규모의 행성들은 일정 규모 이상 온도가 상승하지 못하여 태양처럼 핵융합이 이뤄지지 않는다. 그래서 그 행성들은 점점 식어갔고 그 속에 있던 수소와 산소는 화학작용을 통하여 물이 되었다. 소규모 행성은 물이 대기 밖으로 증발하여 태양에 흡수되므로 이러한 행성에서는 생명체가 살아갈 수 없다.

　태양의 크기에 비례하여 물을 구성하는 수소와 산소가 있었다. 수소와 산소가 태양계 밖 외계로 증발하지 않는다면 태양계 내의 수소와 산소의 총량은 변하지 않는다. 태양에서 핵융합에 의한 수소폭발이 지속적으로 이뤄지더라도 수소의 총량은 변하지 않는다. 그래서 핵융합에 의한 폭발이 계속 유지되고 있는 것이다.

　태양은 태양계 내에 분포된 물질 대부분을 흡수하여 덩치가 커지는 과정에서 온도가 상승하였고 스스로 핵융합과 함께 폭발이 끊임없이 이뤄지고 있다. 폭발에 사용하였던 수소 연료는 소멸하지 않기에 지속적으로 폭발 에너지로 사용된다. 그래서 엄청난 양의 열을 발산하는데도 50여억 년 동안 유지될 수 있었다. 앞으로도 반영구적으로 유지될 것이다.

3 생명체는 부모로부터 존재의 원인을 찾아야 한다

자신이 존재하게 된 원인을 찾을 때는 당연히 자신을 낳아준 부모나 그 위로 거슬러 올라가야 한다. 이는 기본적인 상식이다. 그럼에도 불구하고 탐욕스러운 인간은 방관자적 시점에서 보려고 하기에 마술을 부리는 하나님으로부터 찾거나 자연선택으로 마술을 부리는 진화론에서 생명체 출현에 대한 원인을 찾으려 한다. 이는 접근방법 자체가 크게 잘못되었고 더구나 그렇게 해서는 생명체들의 발생 원인을 알 수도 없다.

우리 조상들은 존재의 원인을 설명하기 위해 신이 창조하였다거나 자연 발생하여 진화하였다는 논리를 개발해냈고 후손들이 이를 업그레이드 하여 창조론이나 진화론을 만들었다.

창조론이나 진화론을 믿는 상태에서는 최초에 출현한 생명체가 하늘 부모님으로부터 탄생한 후 수많은 종으로 분화과정을 거쳤다는 것과 수많은 세대를 거치며 서서히 성장했다는 사실을 상상할 수조차 없다.

인간은 현 우주와 다양한 생명체가 존재한 것을 당연하다고 생각한다. 그러므로 하늘 부모님을 배제한 상태에서 원인 관점에서 보면 창조론을, 결과 관점에서 보면 진화론을 만들어낼 수밖에 없었다.

부모가 사랑을 통하여 자녀를 탄생시키듯이, 영적 세계에서 살아가시는 하늘 부모님도 자신을 닮은 자녀를 지상에 탄생시키셨다.

4 생명체는 모두 잉태되었다

부모가 자녀를 어떻게 만들었을까?

부모가 자신을 닮게 설계하고 부품을 만들고 조립하여 자녀를 만드셨을까? 아니면 미생물이 모태에서 자연 발생한 후 인간으로 진화하여 태어났을까? 아니다. 부모가 자녀를 어떻게 만들 것인가 고민하지 않아도 부모가 사랑하면 자신을 닮은 자녀를 잉태하게 되고, 모태에서 약 10개월 동안 성장한 후 태어나 부모를 빼닮은 자녀로 살아간다.

자신의 의지로 태어난 것이 아니라 부모의 의지로 태어나 부모를 닮은 모습으로 성장하는 것이다. 부모와 조부모도 선천적으로 종과 형상이 결정된 후 성장하였다면 이는 최초 출현한 생명체와도 연결된다. 하늘 부모님도 지상의 부모님과 같은 방법으로 사랑을 통하여 자녀를 낳았고, 그 자녀는 부모를 닮은 다양한 모습으로 성장하였다.

5 모든 생명체들은 태어나 성장한다

지상에는 부모 없는 생명체가 하나도 없다. 부모 없이는 자녀를 번식할 수 없기 때문이다. 과거부터 현재까지 지상에 존재하였던 모든 동식물은 예외 없이 부모가 존재하며 잉태 이후 성장하여 모두 부모의 형상을 닮는다.

부모의 사랑에 의하여 잉태된 자녀는 모두 잉태 시에 결정된 종과 형상으로 성장한다. 과학이 발달하지 못한 과거에는 일란성이나 이란성의 태아가 성장하면 조금씩 다르므로 자녀의 형상이 어느 시기에 결정되었는지 알 수 없었다. 하지만 과학이 발달한 현대에는 상식적으로도 일란성 쌍둥이인 경우 염색체와 유전자가 같아서 별개로 성장하여도 성체의 모습이 같다는 사실을 알 수 있다.

지상에 존재하는 수많은 종의 일란성 쌍둥이가 모두 이와 같다. 그렇다면 잉태 시에 종과 형상이 결정된다는 것은 100% 검증된 과학이다. 따라서 부모로부터 잉태된 모든 생명체는 성장과정에서 성체의 형상이 결정되는 것이 아니라, 부모로부터 종이나 성체의 형상이 결정된 후에 태어나 성체로 성장한다는 사실을 알 수 있다.

지상에 존재하는 모든 생명체는 최초 생명체로부터 발생하였다. 모든 생명체는 부모에 의하여 종과 형상이 결정되었고 후천적으로 각각 성장하였다. 그렇다면 최초에 출현한 생명체에 지상의 수많은 종이 내재되어 있었고, 분화과정을 거친 이후 각각 성장한다는 사실을 쉽게 유추할 수 있다.

종이 결정된 상태에서 종 고유의 형상을 갖출 때까지의 성장과정이 모태의 성장과정과 닮았다.

인간의 성장과정을 살펴보자. 인간은 모태에서 단세포의 수정란으로 잉태되고 바다의 염분 농도와 비슷한 양수 물속에서 성장한다. 성장 초기에는 거머리와 같이 태반에 붙어 있다. 그후 양서류처럼 다리와 꼬리가 생기는 등 수많은 돌연변이 형태의 변이를 거친다. 그다음 인간의 형상으로 성장하고 세상에 나와 성체로 자란다.

수정란과 같이 최초 생명체에도 지상에 존재하는 수많은 종이 내재되어 있었다. 그 후 바다 속에서 수많은 단계의 종의 분화과정을 거치며 종이 결정된 후에 각각 성체로 성장하는 것이다.

잉태 시에 종과 형상이 결정된다는 것은 부모에 의하여 선천적으로 종과 형상이 결정된다는 것을 의미한다. 그렇다면 후천적으로는 종의 변화가 없으므로 성장론이 정답이다.

지상의 다양한 종이 잉태론(성장론)의 논리대로 존재한다면 최초의 생명체도 부모로부터 잉태 시에 종과 형상이 결정되고 그 후 지상에 태어나 각각 성체로 성장한다. 그러므로 우리는 성장론이 사실과 가장 부합함을 알 수 있다.

우리는 유전자와 DNA, 염색체를 종합적으로 살펴보아야만 정확하게 종을 구분할 수 있다. 그렇게 최초 출현한 생명체와 현재 존재하는 생명체들을 분석해보면 최초에 출현한 생명체가 자연 발생하여 수많은 종으로 진화한 것이 아니라 수많은 종들이 처음부터 내재된 상태로 태어났다는 것을 알 수 있다. 더구나 각각 성장하였다는 사실역시 과학적으로 검증할 수 있다.

최초에 출현한 미생물과 현존하는 미생물은 형상이 비슷하고 미생물이라는 명칭만 같을 뿐 전혀 다른 생명체이다. 현존하는 미생물은 어떠한 경우에도 다양한 종으로 진화할 수 없다. 하지만 최초에 출현한 미생물은 지상에 존재하는 다양한 종으로 성장할 수 있다.

즉, 성체가 된 지렁이는 지렁이밖에 번식할 수 없지만 진화론자는 지렁이가 뱀과 같은 동물로 진화한다는 주장을 펴는 것이다.

진화론과 성장론 중 어느 하나는 사이비 이론이다. 최초 생명체의 발생 원인을 밝히려는 과학자가 본서에서 지적한 내용을 잘 살펴본다면 진화론이 허구임을 알 수 있을 것이다.

지상에 존재하는 생명체는 최초의 생명체로부터 수많은 대를 이어오면서 성체로 각각 성장하였다. 태어나 성장하면 부모를 닮는다는 것은 누구도 부인할 수 없는 사실이다. 진화론자는 자녀를 잉태하면 모태 내에서 짧은 시간 내에 성장이 완료되거나 같은 종의 후손밖에 번식하지 않는다는 것이 뇌리 속에 각인되어 있다. 그러한 상태에서는 분화과정을 거치는 것과 수많은 세대를 거치면서 서서히 성장하는 것을 상상할 수도 없다.

또한 미생물 상태의 생명체가 소금 결정체 속에 갇혀 생명이 정지된 상태로 수억 년 동안 살아 있다가 여건이 조성되면 되살아나서 다시 성장한다는 사실도 상상하지 못할 것이다. 수차례 대멸종이 반복될 때마다 멸종하지 않고 살아남은 어느 종으로부터 부모와 다른 새로운 종으로 끊임없이 진화하여 지상에 존재하는 다양한 생명체가 존재하게 되었다고 진화론자는 주장한다.

진화론자는 영인의 존재를 부정하므로 물질의 진화를 주장할 수밖에 없다. 따라서 최초 생명체의 부모이신 하늘 부모님을 부정할 수밖에 없는 것이다. 그들은 최초 생명체에 하늘 부모님을 닮은 다양한 형상이 내재되어 있다는 내용을 부정한다. 그러니 당연하게도 대멸종 이후에 살아남은 어느 생명체로부터 끊임없이 다른 종으로 진화하였다고 주장할 수밖에 없다.

그래서 무기물이 유기물로 진화하였고, 유기물이 진화하여 복잡한 기능을 가진 생명체가 자연 발생하였다고 주장할 수밖에 없었다.

진화론자는 지상에 존재하는 모든 생명체가 각각 부모를 닮은 후손을 번식한다는 사실을 인정한다. 그러면서도 후천적으로 끊임없이 부모와 다른 종으로 진화하였다는 이율배반적인 주장을 펴고 있다.

영안이 열려 있는 무당 이외에는 대부분 영인을 보지 못하므로 보통 사람은 영인의 존재를 인정하지 않는다. 그러한 마인드로는 최초에 출현한 생명체에 수많은 종이 내재되었다는 것을 쉽게 떠올리지 못한다. 최초 출현한 생명체에 이미 정해진 수많은 종으로 분화가 이뤄진 점, 수많은 세대를 거쳐서 서서히 성장한 점을 우리는 받아들여야만 한다. 하지만 보통 사람들이 이를 쉽게 받아들이지 못하는 것이 문제다.

6 동식물의 종의 의미

최초 출현한 생명체는 수많은 종이 내재된 공통종이다. 공통종 상태에서 지속적으로 종의 분화가 이뤄지다 보면 더 이상 분화할 수 없는 상태에 이르게 된다. 그 상태가 종이 결정된 상태이다. 종이 결정된 상태에서 성체로 성장하는 것이다.

인간은 부모의 사랑에 의하여 잉태되면 모태에서 약 10개월 동안 인간의 형상으로 자란 후 태어나고, 부모를 닮은 성체로 성장한다. 모든 생명체는 잉태 시에 성체의 형상이 결정되는 것이다. 그래서 많은 자식을 낳아도 여러 측면에서 모두 부모의 형상을 닮는다.

인간이 자녀를 낳으면 부모의 다각적인 형상을 닮는 것처럼 하늘 부모님이 자녀를 낳으면 하늘 부모님의 다각적인 형상을 닮는다. 종의 분화가 완료된 후에 각각 성체로 성장하므로, 지상의 동식물을 종합적으로 살펴보면 하늘 부모님의 총체적인 형상을 알 수 있다.

예를 들면 동식물은 남자와 여자, 수컷과 암컷, 수나무와 암나무가 서로 닮았다. 정자와 난자, 수술과 암술이 닮았고 동맥과 정맥, 물관과 수관이 닮았다. 또한 동물은 이목구비와 심혈관 기관, 호흡기 기관과 소화기 기관, 감각기관과 같은 생명체를 구성하는 구조와 작동 원리가 닮았다. 모두 사랑을 통하여 후손을 번식하는 것은 하늘 부모님의 참사랑을 닮았기 때문에 나타나는 현상이다.

대형 운석이나 혜성이 지상에 떨어지면 급격한 환경의 변화로 지상에서 살아가는 생명체가 부분 멸종이나 대멸종을 맞이한다. 부분 멸종은 시간이 흐르면서 다시 복원되지만 대멸종은 지상에서 살아가는 대부분의 종들을 소멸시킨다. 하지만 소금 결정체와 같은 광물질 속이나 북극 만년설과 같은 얼음덩어리 속에서는 수천만 년 또는 수억 년 동안 미생물 상태에서 성장이 정지된 채 생존할 수 있다. 그 상태에서 되살아나 새로운 환경에서 다시 성장하는 것이다.

그래서 환경에 적응하지 못하여 도태되었거나 출현하지 못한 종도 새로운 환경에서는 출현할 수 있다.

암수가 쌍을 이루지 못하면 후손을 만들지 못하는 것처럼 각종 생명체의 생과 멸도 마찬가지이다. 후손이 없으면 그 생명체는 지상에서 계속 존재할 수 없다.

어떠한 종이 멸종한 경우도 마찬가지이다. 대멸종 이후 같은 종이 다시 출현하였다면 똑같은 종이 어디엔가 미생물 상태로 살아있다가 다시 성장한 것으로 보아야 한다.

 종의 분화과정을 완료한 소나무 종은 미생물 상태에서 소나무로, 원숭이 종은 미생물 상태에서 원숭이로, 사자 종은 미생물 상태에서 사자로 각각 성장하였다. 인간 종도 미생물 상태에서 본래의 인간으로 성장하였다. 따라서 성체가 된 양서류 또는 파충류와 고릴라 종이 인간 종으로 진화하였다는 진화론자의 주장은 근본적으로 잘못되었다. 한번 결정된 종은 다른 종으로 진화할 수 없기 때문이다.

 지상에 존재하는 모든 생명체는 종마다 다르게 염색체 수와 DNA가 결정되어 있다. 따라서 다른 종으로 진화하였다는 주장은 곧 부모의 염색체 수와 DNA가 다르게 변화하였다는 것을 의미한다. 하지만 그러한 진화는 있을 수 없다.

 교배와 격리를 통하여 새로운 종으로 진화하거나 어느 날 홀연히 부모와 다른 새로운 종으로 진화하였다고 진화론자는 주장한다. 이는 모두 과학적이지 않으므로 진화론은 명백한 사이비 이론이다. 최초의 생명체가 종의 분화과정을 마친 이후 각각 성체로 성장한 것으로 보는 것이 합당하다.

 한번 정착하면 돌아다닐 수도 없고 동물들처럼 첨예하게 다툴 수도 없는 식물도 동물의 수정란과 같은 씨앗 내에 종과 형상이 선천적으로 결정되어 있다. 따라서 식물도 동물처럼 후천적 획득형질에 의해서는 진화하지 않는다는 사실을 알 수 있다.

또한 각종 동식물은 사막과 같이 척박하거나 열대와 한대 지역과 같은 열악한 환경에 맞게 진화하는 것이 아니다. 환경에 적응한 종만 살아남는 형태가 매년 반복되는 과정에서 품종개량이 이뤄지기에 열악한 지역에서 개량된 품종만 혼재되어 살아가는 것이다.

다양한 동식물이 열악한 환경에서도 각각 혼재되어 살아가는 것을 통해 우리는 기후와 환경은 종의 진화와는 관계가 없다는 사실을 알 수 있다.

지상에는 과거부터 현재까지 환경에 적응하거나 생존 경쟁하는 과정에서 살아남은 일부 종만 살아가고 있다.

지상에서 멸종하였던 어느 종이 미생물 상태로 살아있다면 다시 출현하여 새로운 환경에서는 적응하여 살아갈 수 있다.

인류는 파스퇴르가 검증하기 전까지만 해도 육안으로 볼 수 없는 미생물은 존재하지 않을 것으로 생각했다. 음식물에서 미생물이나 해충이 자연 발생하여 부패한 것으로 생각했다. 그러한 의식을 가진 자가 동식물의 발생 원인에 대하여 관찰한다면 어떨까. 끊임없이 새로운 종으로 진화한 것으로 판단할 수밖에 없을 것이다. 그래서 수차례 대멸종을 거칠 때마다 멸종하지 않은 어느 생명체로부터 다른 새로운 종으로 진화한 것으로 생각할 수밖에 없었다.

멸종 이후 같은 종이 다시 출현하고 5억 년 전 화석에 존재하였던 어느 조개의 종이 조금도 변하지 않은 채 현재에도 살아가고 있다. 그렇다면 이는 한번 결정된 종은 다른 종으로 진화하지 않는다는 성장론의 결정적인 증거라고 보아야 할 것이다. 이러한 점에서 봤을 때 진화론에는 심각한 문제가 있음을 알 수 있다.

7 모태의 성장기간은 형상을 갖추기 전까지의 성장기간

자녀가 모태에서 잉태한 후 탄생하기 전까지의 성장기간은 최초 생명체로부터 종이 결정된 이후 고유 형상을 갖출 때까지의 성장과정을 함축적으로 보여준다.

인간의 경우 약 10개월간에 걸친 모태의 성장기간은 종이 결정된 상태에서 인간 형상을 갖출 때까지의 성장기간과 닮았다. 그렇다면 모태에서의 성장과정을 살펴보자. 종과 형상이 결정된 수정란이 양수에서 양서류와 같은 변이를 하는 걸 보면 인간의 형상으로 성장할 때까지의 성장과정과 닮았다.

모태의 수정란에서 종 고유의 형상으로 성장하는 개체 성장기간은 1대에서 성장이 완료된다. 그러나 자연환경에서는 종이 결정된 후 수백 년 또는 수천 년의 기간과 수 세대를 거치며 서서히 성체로 성장한다. 그것이 다를 뿐이다.

인간은 하늘 부모님과 가장 많이 닮았다. 그러므로 지상의 모든 생명체와도 가장 많이 닮았다. 식물도 의식이 있고 사랑이 있는 생명체이므로 인간이 사랑하면 기뻐한다.

부모의 사랑에 의하여 태어난 생명체는 부모의 형상을 닮는다. 이처럼 하늘 부모님으로부터 태어난 생명체는 오랜 기간 종의 분화과정을 완료한 후 열악한 환경을 극복하며 서서히 하늘 부모님을 닮은 모습으로 성장한다. 하늘 부모님에 의하여 태어난 동식물을 종합적으로 살펴보면 하늘 부모님의 참사랑을 알 수 있다.

인류는 생존경쟁 속에서 약육강식이 철칙처럼 뇌리에 박혀 사랑의 민주의식으로 탈피하지 못하고 과거처럼 욕심에 사로잡혀 동물처럼 살아가고 있다.

8 생명체의 출현과 성장과정

생명체가 살아갈 수 있는 환경이 조성되자 약 35억 년 전 하늘 부모님에 의하여 최초 생명체가 탄생하였다. 태양계가 안정화되는 과정에서 지구가 뜨거워졌다 차가워지기를 반복함에 따라 성장과 대멸종이 반복되었다. 약 5억 년 전까지는 종의 분화 또는 기초성장을 반복하였기 때문에 성장이 제대로 이뤄질 수 없었다.

최초 생명체가 탄생한 이후 무성생식 형태로 2세를 대량으로 번식하였고, 바닷물에 의하여 지구 곳곳에 퍼졌다. 최초의 생명체로부터 종의 분화가 이루어지기 전까지의 초기 번식은 최초 탄생한 생명체처럼 지상에 존재하는 다양한 종이 내재된 생명체였다. 최초 생명체가 대량 번식하여 바닷물에 의하여 퍼져 최초 생명체와 같은 생명체가 지구 곳곳에 분포하게 되었다. 그 후 지상 곳곳에서 종의 분화가 이뤄졌고, 분화가 완료된 경우에는 각각의 지역에서 성체로 성장하였다. 생명체가 살아가는 과정에서 바닷물이 증발하여 사막화되는 지역에서는 그 시대에 살아가던 미생물 상태의 생명체가 소금 결정체에 갇히게 되었고, 세월이 흐르면서 땅 속 깊숙이 묻히게 되었다.

초기 지구는 완전한 구형에 가까워 모두 바닷물로 덮여 있었지만 화산 활동으로 섬이 생기거나 지각 활동으로 육지가 출현하였다.

육지에 식물과 동물이 생육할 수 있는 환경이 조성되면서 육상에서 살아야 할 동식물은 육지에 진출하여 공기 호흡하며 성장했다. 물속에서 살아가야 할 어류와 고래와 같은 포유동물은 해상에서 기초 성장과 함께 종 본연의 성체로 각각 성장하였다.

이러한 현상은 태아가 양수의 물속에서 일정 기간 성장하다가 태어나 육상이나 해상에서 성체로 성장하는 이치와 같다.

약 5억 년 전 생명체가 성장하기에 알맞은 환경이 조성되면서 종의 분화가 완료된 생명체는 성체로 급성장하였다.

9 인간과 동식물의 성장

최초 생명체가 출현한 이후 종이 분화 과정에 있거나 분화가 완료된 생명체는 소금 결정체의 염수에 갇힌 상태로 퇴적되어 지하 깊숙한 곳에 수억 년에서 수십억 년 동안 생명이 정지된 상태로 보존될 수 있었다. 대멸종으로 지상에서 살았던 생명체가 멸종할 경우 소금 결정체 속에 갇혀 있었던 생명체는 수맥이나 지각 변동에 의하여 되살아난 후 성장하여 지상에 다시 출현할 수 있다. 이러한 방법으로 생명체는 대멸종의 위기를 극복한 것이다.

 진화론자는 대멸종이 있을 때마다 살아남은 어느 종에서 자연선택을 통하여 각각 다양한 종으로 진화하였다고 주장한다. 그렇다면 대멸종 이후 다른 지역과 다른 환경에서 같은 종이 출현한다는 것은 진화론의 논리와는 정반대의 현상이다. 따라서 이러한 사례를 단 1건이라도 발견한다면 진화론이 사이비 이론임을 입증하는 셈이 될 것이다. 다른 지역과 다른 환경에서는 각각 다르게 진화할 수밖에 없으므로 같은 종이 출현하는 것은 불가능하기 때문이다.

10 소금 결정체 속의 생명체들

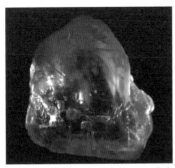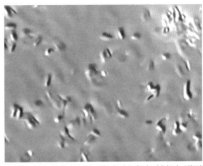

2억 5천만 년 전에 형성된 소금 결정체, 소금 결정체에 갇혀 생명이 정지되었던 생명체가 되살아남

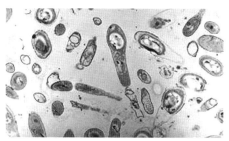

2억 5천만 년 전 소금 결정체에서 되살아난 다양
한 종류 생명체들

미국 뉴멕시코주에서 핵폐기물을 매립하기 위하여 사막화된 염호
의 지하를 굴착하였다. 지하 600m 지점인 약 2억 5,000만 년 전에
형성된 지층에서 위와 같이 소금 결정체에 갇혔던 생명체들이 다시
되살아났다.

대멸종이 있을 때마다 소금 결정체 속에서 수억 년 또는 수십억 년
동안 정지한 상태로 생명을 이어 나가다가 다시 살아나 다양한 종으
로 성장한 것이다.

11 탄생 이후 생명체의 성장

하늘 부모님에 의하여 최초 탄생한 생명체는 열악한 환경에서 수십
억 년 동안 수많은 세대를 거치며 분화하였다. 진화론자는 일대의 개
체 성장과정만 보았으므로 최초 생명체로부터 각각의 종으로 분화가
이루어진 점과 미생물 상태에서 수많은 세대를 거치면서 성체로 성장
하게 된 점은 상상할 수도 없었을 것이다.

12 인간과 동식물은 혈연관계

최초 생명체로부터 발생한 인간을 포함한 지상의 생명체는 하늘 부모님에 의하여 탄생한 자녀이다. 그러므로 당연히 인간과 하늘 부모님과는 직계의 혈연관계이고, 인간과 다른 생명체와는 방계의 혈연관계이다.

지금까지는 인간이 동식물과 혈연관계임을 몰랐기에 침략의 관점에서 잡아먹을 대상으로만 보았다. 하지만 동식물과 혈연으로 연결된 관계라는 사실을 알았으니 동식물을 사랑의 관점에서 관리하고 기쁨의 대상으로 보아야 할 것이다.

동식물을 보고 기쁨을 느끼는 것은 자신을 많이 닮은 자녀일수록 더욱 아름답게 느끼는 것과 같다.

사랑의 관점에서 동식물과 자연을 들여다보면 참으로 아름다운 하늘 부모님의 참사랑을 느낄 수 있다.

13 불신자들을 설득하는 방법

진화론자가 진화론을 설득하는 방법은 이렇다. 교배를 통하여 종이 진화한다는 내용이 먹히는 사람에게는 후손을 번식하는 과정에서 돌연변이 형태로 종이 진화한다고 둘러댄다. 이를 믿지 않는 사람에게는 다른 지역으로 격리되는 과정에서 진화한다는 격리설을 펼친다. 진화론자는 수많은 가설을 만들어 놓고 진화론을 비판하는 불신자의 구미에 맞는 가설을 제시하며 진화론을 강변하고 있다.

창조론자도 흙이나 말씀으로 창조하였다는 두 가지 가설을 창조과학으로 포장하여 우주와 생명체 출현이 6,000년이라고 강변하며 진리라고 주장한다.

창조과학을 표방하려면 신이 우주와 생명체를 어떻게 설계하였는지, 생명체 모형을 어떻게 만들었는지, 또는 어떻게 생명을 부여하였는지를 육하원칙에 따라 설명해야 한다. 그래야 납득할 수 있다. 하지만 그들은 과학자에게서 과학적 지식을 귀동냥하여 지적인 신이 염색체나 DNA를 정교하게 설계하지 않고서는 우주와 생명체가 존재할 수 없다는 주장을 되풀이한다. 그러면서 흙이나 말씀으로 창조하였다고 얼버무리고 있다.

세계 침략의 선두주자였던 영국인은 흑인을 침팬지에서 진화한 동물 인간으로 인식하였다. 인간이 야생 늑대를 길들여 주인으로 행세하듯이, 흑인 노예를 길들여 주인 행세하였던 영국인이 가장 진화한 우월한 민족이라는 인식에서 다윈이 만든 격리 관점의 진화론을 퍼뜨렸다. 그러나 흑인과 침팬지는 우리가 알 수 없는 먼 과거부터 현재까지 아프리카에서 함께 살았다. 그렇다면 어떤 침팬지가 무리에서 이탈하여 인간으로 진화한 후 언제부터 아프리카에서 흑인과 함께 살았을까. 진화론자는 그러한 내용은 언급조차 하지 않은 채 진화론을 부르짖고 있다.

14 동식물이 열악한 환경에서 살아가는 방법

식물이 환경에 적응하는 과정을 살펴보자. 식물도 생존경쟁에서 벗어나지 못하는 생명체이지만 동물과 달리 한번 정착하면 돌아다니지 못한다. 동물이 식물의 잎이나 줄기를 뜯어 먹어도 대부분의 식물은 다시 살아난다. 식물은 동물과 같이 첨예하게 경쟁하며 살아가는 것과는 거리가 멀다.

수정란이 성장하여 성체가 되면 부모를 닮듯이, 식물도 씨앗이 성장하여 성체가 되면 부모를 닮는다. 식물 역시 기후와 생육환경에 맞게 후천적으로 진화하여 복잡한 구조의 고등 종으로 진화한 것이 아니다. 종과 형상이 부모로부터 결정된 씨앗으로부터 종 본연의 모습으로 각각 성장한 것이다.

동물도 마찬가지이므로 단순한 종에서 고등 종으로 진화하는 것이 아니다. 부모로부터 결정된 종은 변화가 없으므로 각각 성체로 성장하는 것이다.

사막처럼 척박하거나 열대와 한대처럼 그 지역에서 살아갈 수 없는 종은 서서히 도태된다. 그러나 체질이 강하고 열악한 기후와 환경에 강한 품종만 살아남는 현상이 매년 반복되면서 그 지역에서 살아가기에 알맞은 품종으로 개량이 이루어지므로 열악한 지역에서도 다양한 종이 함께 살아갈 수 있었다.

즉 선인장과 같은 다육 식물은 사막처럼 척박한 환경이 생육에 적합하기에 잘 적응하며 살아갈 뿐이다. 그런데도 진화론자는 사막처럼 강수량이 적고 척박한 환경에서 선인장 종으로 진화하여 살아간다고 주장한다. 이는 잘못된 관찰과 주장일 뿐이다.

기후와 환경이 척박하다면 환경에 적응한 식물만 살아남고 적응하지 못한 식물은 도태될 수밖에 없다. 식물이 그렇다면 한 뿌리에서 발생한 동물도 마찬가지이다.

대체로 온대 지방에서 살아가기에 적합한 동식물이 열대 지방이나 한대 지방에서도 함께 살아간다.

열악한 기후와 환경에서 다양한 종이 공존한다는 것은 기후와 환경에 의해서는 다른 종으로 진화하지 않는다는 의미가 내포되어 있다. 자연환경 자체가 품종개량 역할을 하기 때문이다. 열대와 한대 지방의 기후와 환경에서 살아가는 생명체는 그 지역에 적응한 종만 살아남고 적응하지 못한 종은 서서히 도태되는 형태로 개량이 이루어진 것이다.

곰은 다른 동물보다 기온에 강하지만 자연환경에 의하여 추위에 강하게 개량된 북극곰은 북극의 혹한에서도 잘 적응하여 살아간다. 열대지방에서 더위에 강하게 개량된 인도네시아에 서식하는 곰을 북극으로 옮긴다면 겨울의 혹한을 견디지 못하고 바로 도태될 것이다.

예를 들면 영하 30도에서 살아가던 어느 종이 기후와 환경의 변화로 기온이 영하 40도로 떨어진다면 영하 40도의 혹한에 견디지 못한 생명체는 모두 죽고 털이 많거나 추위에 강한 개체는 살아남아 번식하게 된다. 이러한 현상이 반복되는 과정에서 털이 많거나 추위에 강한 종만 살아남아 번식하는 것이다. 따라서 기온이나 환경의 변화는 다른 종으로 진화시키는 것이 아니라 그 지역에 강한 품종으로 개량될 뿐이다.

이를 통해 우리는 부모에 의하여 종이 선천적으로 결정되므로 추위와 더위 또는 자연선택과 같은 후천적 획득형질에 의해서는 다른 종으로 진화하지 않는다는 사실을 알 수 있다. 그런데도 진화론자는 기후와 환경에 적응하거나 도태되는 현상을 품종의 변화로 보지 않고, 끊임없이 다른 종으로 진화한 것으로 보고 있다.

15 멸종된 생명체의 출현

지구 내부 맨틀의 대류로 인해 지금도 지각판이 조금씩 움직이고 있다. 서서히 움직이므로 우리가 느끼지 못할 뿐이다. 지각판 경계 선상에는 화산 활동이 활발하게 이루어지며 온천이 존재한다. 그러한 곳에서도 생명체가 살아있다가 다시 출현할 수 있다.

수억 년 전이나 수천만 년 전에 살았던 생명체가 생명이 정지된 상태로 있다가 되살아나 성장하는 경우도 있을 것이다. 성장과정의 생명체를 발견하거나, 소금 결정체의 염수 안에 보관되었던 생명체의 유전자를 해독해 지상의 생명체와 비교하여 같은 종을 찾을 수만 있다면 성장론을 입증하는 결정적인 증거가 될 것이다.

 약 22억 년 전과 약 6~7억 년 전에 각각 수천만 년 동안 지구 전체가 결빙 상태가 된 적이 있었다. 약 5억 년 전에 생명체가 살아가기에 알맞은 생육환경이 조성되자 삼엽충과 투구게가 출현하였다. 그 후 약 2억 5,000만 년 전에 지각 변동으로 메탄가스가 증가하고 급격한 환경의 변화로 인해 대멸종이 이루어졌다. 공룡은 대멸종 직후에 출현하였다.

 화석 속에서나 볼 수 있었던 생명체가 지상에서 수억 년 동안 종적을 감추었다가 다시 출현한 경우도 있다. 바로 투구게이다. 투구게는 대멸종 시에 멸종하지 않고 수억 년 동안 어디에서 살아있다가 다시 발견된 것이 아니라, 소금 결정체 속에 생명이 정지된 상태로 살아있다가 되살아나 다시 성장한 것으로 봐야 한다.

 이러한 현상을 종합적으로 살펴보았을 때 대멸종 시의 혹독한 환경에서 멸종하지 않고 살아남은 어느 종에서 염색체와 유전자가 다른 새로운 종으로 끊임없이 진화한다는 진화론이 잘못된 것임을 알 수 있다.

 성장론이 옳다면 공룡이 살았던 시대에도 어류와 파충류만 살았던 것이 아니라 현존하는 곤충이나 양서류와 조류뿐만 아니라 포유류도 함께 살았을 것이다. 공룡 시대에 포유류의 화석이 발견된다면 죽지 않고 살아남은 파충류에서 포유류로 진화하였다는 진화론자의 주장이 거짓임을 입증할 수 있을 것이다. 다시 말해 성장론을 입증하는 사례가 되는 것이다.

16 고생대와 신생대 생명체와의 관계

생명이 정지된 상태로 살아있었던 종들은 대멸종 이후 되살아나는 시점, 성장 속도, 생존경쟁 등 여러 가지 요인으로 재출현 시기가 각각 다르다.

과거일수록 우리 은하계와 태양계가 안정화되는 과정에서 혜성이나 운석이 더 많이 떨어졌다. 소형 운석이 떨어질 경우 부분 멸종이 이뤄지고 시간이 흐르면서 복원된다. 하지만 지름이 10km 이상 되는 대형 운석이나 혜성이 떨어질 경우에는 지각판이 뚫려 지상에 용암이 대량으로 분출한다. 그렇게 되면 가스가 대량 발생하고 온도가 상승해 지상에서 살아가는 생명체는 대멸종을 맞는다.

이렇게 크고 작은 운석이 지상에 떨어지면 기온이 상승하거나 빙하기가 도래하게 되고 부분 멸종과 대멸종을 반복하게 된다. 뜨겁거나 차가웠던 지구가 안정화되어 다시 생명체가 살 수 있는 환경이 조성되면 소금 결정체에 보관되었던 종이 되살아나 처음부터 다시 성장한다. 대멸종 위기 때마다 종들은 이러한 방법으로 멸종 위기를 극복하였다.

약 5억 년 전에 생명체가 살아가기에 알맞은 환경이 조성됨에 따라 다양한 종이 출현하여 급성장하였다. 약 2억 5,000만 년 전에 지각 활동에 의한 대규모의 화산 폭발로 이산화탄소와 메탄가스 양이 증가하는 등 환경의 변화로 지상에서 살아가는 생명체가 전멸하는 대멸종이 있었다. 대멸종 이후 곧바로 전에 존재하지 않았던 공룡과 다양한 종도 함께 출현하였다. 약 6,500만 년 전에도 멕시코 유카탄 반도에 대형 운석이 떨어져 또다시 대멸종이 있었다. 그때도 다시 성장하여 다양한 종이 출현했다.

대멸종 없이 생육하기에 알맞은 환경이 오랫동안 지속되었다면 이미 수억 년 또는 수천만 년 전에 인류가 출현하여 상상할 수도 없는 발전을 이루었을 것이다.

과거 지구는 뜨겁거나 동토가 되는 등 안정화되지 못했다. 우리 은하계를 떠도는 크고 작은 혜성이나 운석도 지구와 자주 충돌하였다. 지상에서 살아가는 생명체는 혜성이나 운석의 규모에 따라 대멸종과 부분 멸종을 반복하였다.

알 수 없는 문명의 흔적이 화석의 형태로 존재한다면 외계인의 흔적이 아니라 고생 인류의 발자취임을 알아야 한다.

고생 인류와 현생 인류는 교배가 가능한 동일 종이다. 고생 인류가 멸종한 이후에 현생 인류가 출현하였다면 고생 인류가 살아있다가 다시 출현한 것이 아니라, 인간 종이 멸종한 이후 미생물 상태에서 다시 성장하여 출현한 것으로 보아야 한다.

17 성장과정의 인간 모습

고고학자는 아직까지 원숭이에서 인간으로 진화한 화석을 발견하지 못했다. 왜냐하면 인간은 성장하였기 때문이다.

진화론자는 침팬지나 오랑우탄과 같은 인간 유골과 유사한 화석을 나열해 놓고 진화과정의 유골이라고 설명하고 있다.

즉, 원숭이는 원숭이 유골의 화석이 되었고, 인간은 인간 유골의 화석이 되었다. 그러한데도 다양한 종의 유골을 나열해 놓고 진화과정의 유골이라고 설명하고 있다.

인간은 분화가 완료되어 종이 결정된 이후 미생물 상태에서부터 인간으로 성장하였다. 그래서 인간 형상을 갖춘 이후에는 수십만 년 전이라 하더라도 아프리카 밀림 지역이나 열대지방에서 사는 원시 부족과 비교해도 큰 차이가 없다.

진화론자는 침팬지가 인간으로 진화하였다고 본다. 인간과 비슷한 형태의 화석을 발굴하여 두개골 크기를 비교하며 진화 여부를 논하고 있다. 하지만 수많은 종으로 분화가 이루어져 종이 결정된 후 미생물 상태에서 각각의 종으로 성장하였다. 그러므로 이는 근본적으로 잘못된 주장이다.

성장 초기로 거슬러 올라가면 모든 종은 곡옥과 비슷하게 생겼다. 인간 종을 놓고도 곡옥처럼 생긴 형상을 보면서 어류로 인식하거나 양서류로 인식한다. 진화론자는 성장과정의 겉모습만을 관찰하며 끊임없이 다른 종으로 진화하여 인간이 출현한 것으로 본다. 인간과 엇비슷한 유인원의 화석을 나열해 놓고 두개골의 형태와 용량을 비교하며 진화과정의 인간 유골이라고 해석한다.

진화론자는 진화론 관점에서 천태만상의 동물 화석을 나열해 놓고 침팬지에서 인간으로 진화했다고 주장한다. 이는 명백한 오류이다.

성장 초기 침팬지의 태아와 인간의 태아를 보면 형태적으로는 구분할 수 없을 정도로 비슷하다. 태아의 부모를 확인하거나 태아의 유전자를 조사하지 않고, 침팬지 태아를 인간의 태아라고 주장하는 과학자가 있다면 모두 사이비 과학자라고 말할 수밖에 없다.

18 주요 인종은 각각 별개의 지역에서 출현하였다

진화론자는 인류의 출현에 대하여 아프리카에서 살았던 침팬지가 천재지변이나 지각 변동으로 기존 무리로부터 격리된 후 직립 보행을 하게 되었고 후천적 형질인 자연선택에 의해 진화하여 호모사피엔스라는 인간이 되었다고 주장한다. 그 후 세계 각 지역으로 이동해 토착화하는 과정에서 흑인종, 백인종, 황인종과 같이 피부색과 체형이 다르게 진화하였다고 주장하고 있다. 이러한 주장은 진화론자의 시나리오에서 비롯되었다.

주요 인종을 관찰해보자. 「천천경전」에서 밝힌 바처럼 골격, 피부색, 머리털과 같은 인종의 특징은 확인 가능한 수백 대(代), 수천 년의 기간 동안 혼혈되지 않은 이상 변하지 않은 것만 보아도 최소한 수십만 년에 걸쳐 형성된 것임을 알 수 있다.

다윈이 핀치새를 자신의 이론에 대입하여 만든 진화론보다 최소한 수천 년의 기간 동안 흑인, 백인, 황인의 변화 추이를 관찰하여 도출한 결과물을 가지고 주장하는 성장론이 더 과학적이다.

진화론자가 인간이 각각 별개의 지역에서 출현하였다는 것을 인정하는 것은 곧 진화론이 사이비 이론임을 인정하는 것과 같다. 그래서 아프리카에서 침팬지로부터 진화한 호모사피엔스라는 인간 종이 출현하여 세계 각 지역에 흩어져 살아가면서 흑인, 백인, 황인으로 진화하였다는 주장을 반복할 수밖에 없다. 아프리카에서 출현한 호모사피엔스라는 흑인종의 인간만을 살피며 아프리카에서 인류가 출현하여 지상 곳곳으로 이동하는 과정을 진화론이라는 색안경을 쓰고 관찰하였기 때문에 실체적 사실을 알 수 없었다.

성장론은 인류가 아프리카 한 곳에서만 출현한 것이 아니라 흑인, 백인, 황인이라는 인간 종이 최소한 아프리카, 유럽, 아시아에서 각각 출현하였고, 이후 세계 곳곳으로 이동하는 과정에서 피가 섞여 지역적으로 다양한 민족이 형성되었다고 본다.

「천천경전」에서 밝힌 바와 같이 교배를 통하여 번식하는 후손은 같은 종이다. 이제는 과학이 발전하여 수만 년 전에 살았던 인간의 유골에서 게놈을 추출할 수 있다. 게놈이란 유전자와 염색체의 합성어로서 생물체를 구성하고 모든 유전 정보가 들어 있는 유전자의 집합체를 말한다. 게놈을 분석하면 인종의 특성을 알 수 있다. 과학자가 유럽에서 수만 년 전에 살았던 네안데르탈인과 아시아에서 살았던 데니소바인의 게놈을 추출하여 해독한 결과 호모사피엔스와 각각 피가 섞여 있다는 사실을 확인하였다. 피가 섞여 있다는 것은 교배를 통하여 후손을 번식하였다는 것을 의미하므로 이들은 모두 인간 종이었다. 진화론자는 네안데르탈인과 데니소바인은 침팬지와 유사한 유인원이라고 생각하였다. 하지만 과학자가 이들은 같은 인간 종임을 밝힌 것이다. 이들과 호모사피엔스와는 유골의 특성이 각각 다르고, 살아가는 지역도 각각 달라 최소한 3~4만 년 이전에는 접촉이 거의 없었다. 그래서 인종의 고유 특성이 그대로 보존될 수 있었다. 각각 다른 지역에서 다른 종의 인간이 발생한 것이다.

게놈 해독을 통하여 정답이 밝혀졌다. 창조론은 6,000년 전 에덴동산 한 곳에다 인간의 조상 아담과 하와를 창조하였다고 했다. 그런데 수만 년 전에 골격과 피부색이 다른 인간 종이 최소한 3곳에서 생겨난 것으로 드러났다. 창조론이 사이비 이론임이 밝혀진 것이다. 진화론도 아프리카 한 곳에서 인간이 생겨났다고 주장하였다. 그런데 전혀 다른 유럽과 아시아 지역에서 호모사피엔스의 골격과 피부색이 다른 새로운 인간 종이 생겨난 것이 확인되었다. 따라서 진화론도 사이비 이론임이 밝혀진 것이다.

진화 과학자가 게놈 해석을 통하여 인간 종이 별개의 지역에서 각각 성장하였다는 성장론을 입증한 것이다. 그렇다면 창조론자와 진화론자는 앞으로도 창조론과 진화론이 옳다는 주장을 반복할 것인가, 아니면 폐기할 것인가를 이제는 답해야 할 때이다.

위 내용을 종합했을 때 인간 종이 아프리카, 유럽, 아시아 지역에서 각각 흑인, 백인, 황인으로 성장한 것이 명백하다. 창조론과 진화론은 모두 틀렸으니 즉각 폐기하여야 옳다.

종과 품종의 개념을 헷갈리지 않으려면 명확하게 구분하여야 한다. 예를 들면 흑인종, 백인종, 황인종에 종이라는 명칭을 부여하였으므로 각각 다른 종으로 봐야 하는지, 인간 종의 각 품종으로 봐야 하는지 헷갈리므로 정확하게 불러야 한다. 그렇지 않으면 종과 품종을 두루뭉술하게 인식할 수밖에 없고, 품종을 종으로 부르는 행위를 통하여 성장론을 진화론으로 왜곡시키는 우를 범하게 되었다.

형태적으로 다른 종으로 보이더라도 교배를 통하여 지속적으로 후손을 번식할 수 있다면 같은 종이다. 같은 종으로 보이더라도 교배를 통하여 후손을 번식하지 못하면 다른 종이다.

흑인, 백인, 황인끼리는 후손을 번식할 수 있어 같은 종이므로 흑인, 백인, 황인으로 부르든가 흑인 품종, 백인 품종, 황인 품종으로 불러야 한다.

인간과 침팬지는 교배하여 후손을 번식할 수 없으므로 종을 구분하여야 한다. 유인원에는 인간과 같은 부류라는 의미가 담겨 있다. 이를 통하여 침팬지가 인간으로 진화하였다고 은연중 세뇌하는 효과가 있었다. 그것은 태양이 떠오른다는 세뇌를 통하여 지구가 정지되어 있다고 은연중 믿는 것과 같다. 이렇게 유인원으로 부르는 행위를 통하여 침팬지가 인간으로 진화하였다는 빌미만 제공한 셈이 되었다.

네안데르탈인도 유럽에서 성장하였던 백인 품종의 현생 인류이다. 아프리카에서 출현하였다는 호모사피엔스도 흑인 품종의 현생 인류이고, 아시아에서 살았던 데니소바인도 황인 품종의 현생 인류이다.

성장과정에 있었던 과거 원시 인간은 의식 수준도 낮았고, 약 2만 년 전에는 간빙기로 인하여 추웠으므로 인간이 살 수 있는 한정된 지역에서만 살았다. 또한 약육강식의 환경으로 인하여 씨족을 중심으로 뭉쳐 살았다. 더군다나 과거에는 교통수단이 발달하지 못하였으므로 주거의 이동이 극히 제한적이었다.

과거에는 각종 맹수가 산과 들에 광범위하게 서식하고 있어 이동이 어려웠다. 맹수와 비교해 체력이 약한 원시 인간은 전쟁과 같은 급박

한 상황이 아니라면 가족이나 씨족을 떠나는 것은 곧 죽음을 의미했
다. 따라서 주거의 이동은 상상할 수 없었다.

　또한 초기 인류는 생존경쟁 속에서 살아갈 수밖에 없었고, 영양부
족이나 질병으로 인하여 수명이 짧았다. 수만 년 전 각 지역에서 살
았던 흑인, 백인, 황인은 서로 활발하게 교류하지 못하고 각각 태어
난 지역에서 혈연 중심으로 뭉쳐 살았다. 그래서 과거로 거슬러 올라
갈수록 지역적으로 흑인, 백인, 황인의 특성이 잘 나타난다.

19 민족의 형성 과정

　흑인, 백인, 황인은 의식이 향상되면서 경쟁하거나 투쟁하며 오랜
세월 서서히 지구 곳곳으로 이동하였다. 그러면서 자연스럽게 먼저
정착한 지역민들과 피가 섞여 다양한 민족이 형성되었다.

　한층 지혜로워진 인간은 말과 낙타와 같은 동물을 길들였고 그러자
장거리 이동이 용이해졌다. 최근 1~2만 년 동안에 각 인종의 이동이
활발해짐에 따라 지역마다 다른 인종과 피가 섞이게 되었고 체형이나
피부색이 다른 다양한 민족이 형성되었다. 이는 마치 삼원색을 섞어
여러 색상을 만들어내는 원리와 같다. 대개 정치적인 이유 탓에 외부
세력과 단절되면 내부적으로는 혈통의 교류가 활발해진다. 이에 따
라 지역적으로 같은 체형이나 같은 피부색을 가진 민족이 형성될 수
있었다.

20 각 인종의 성장

흑인, 백인, 황인이 아프리카, 유럽, 아시아에서 각각 별도로 성장하면서 다른 인종이 유입되었고 오랜 기간에 걸쳐 피가 섞이게 되었다. 지상에서 살아가는 흑인, 백인, 황인의 어느 민족, 어느 누구를 조사하여도 다른 인종과 조금씩이라도 피가 섞여 있음을 확인할 수 있다.

백인 중 어느 누구라도 직계 조상 중에는 흑인이나 황인이 끼어 있다. 다른 품종의 인간도 마찬가지이다. 다른 혈통의 직계 조상이 없었다면 현재의 나는 존재할 수 없다. 그러니 다른 인종을 비방하는 행위는 곧 자기 조상을 비방하는 행위이고 결국 우리의 하늘 부모님을 비방하는 행위이다.

하늘 부모님으로부터 태어나 각각 성장하며 다른 인종과 피가 섞였어도 결국 모두 하나님의 자녀들이다.

민족 간의 우위는 없다. 다만 하늘 부모님에 대한 효심이 가득하고 참사랑을 많이 소유하고 정직한 민족은 하늘 부모님과 참사랑으로 하나 되어 함께 살아갈 것이다. 하지만 탐욕스러운 동물 인간은 하늘 부모님 행세하는 사이비 하나님에게 구속되어 살아갈 수밖에 없다. 인간은 참사랑을 실천하려는 마음가짐으로 살아야 한다. 그래야만 하늘 부모님과 함께 살아갈 수 있다.

21 원시 인간의 수명

과거로 거슬러 올라갈수록 인간의 수명이 짧았다. 생존경쟁이 심했고 위생 관념이 희박해 홍역과 같은 돌림병에 무방비 상태였기 때문이다. 또한 농축산업이 발달하지 못하여 영양 상태가 부실했던 탓에 과거 원시 인간은 현대인보다 수명이 훨씬 짧을 수밖에 없었다. 그런데도 인간이 과거에는 수백 세를 살았다고 주장하는 자가 있다면 틀림없이 사이비 종교의 신자일 것이다.

22 진화론과 성장론 비교표

검증된 과학(◎), 검증된 비과학(◉) / 과학적(○), 비과학적(×) / 합리적(△), 비합리적(▲)

구분	내용	진화론		성장론		비고
1	동식물의 발생은?	최초 출현한 생명체로부터 다양한 생명체가 생겨났다.	○	최초 출현한 생명체로부터 다양한 생명체가 생겨났다.	○	
2	최초 생명체의 출현은?	자연 발생하였다.	▲	하늘 부모님에 의하여 탄생하였다.	△	
3	다양한 종의 발생	자연선택에 의하여 끊임없이 다른 종으로 진화하여 다양한 종이 형성되었다.	▲	하늘 부모님의 모습을 닮은 다양한 종으로 각각 성장하였다.	△	
4	생명체들의 종과 형상의 결정 시기	자연선택을 통하여 끊임없이 종이 변화되므로 결정된 종은 없다.	◉	모든 생명체는 하늘 부모님으로부터 잉태 시에 종이 결정되므로 종의 변화는 없다.	◎	

구분	내용	진화론		성장론		비고
5	최초 출현한 미생물과 현존하는 미생물은 같은 존재인가?	같은 존재이다. (같은 미생물이므로 현존하는 미생물도 오랫동안 진화하면 지상에 존재하는 동식물로 진화할 수 있다.)	×	다른 존재이다. (최초의 미생물은 수많은 동식물 종이 내포되어 있지만, 현존하는 미생물은 성체의 미생물일 뿐이다.)	○	
6	교배를 통하여 다른 종으로 진화하는가?	교배는 진화의 핵심 요소 중 하나이다.	◉	교배는 종 자체의 변이일 뿐이다.	◎	멘델에 의하여 검증되었다.
7	후천적 획득형질에 의하여 종이 진화하는가?	기후와 자연선택과 같은 후천적 획득형질은 진화의 핵심 요소이다.	◉	후천적 획득형질은 품종의 변이일 뿐이므로 다른 종으로 진화할 수 없다.	◎	"
8	격리를 통한 종의 진화가 가능한가?	격리는 진화의 핵심 요소이다.	◉	다른 종으로 진화하는 것은 불가능하다.	◎	후천적 획득형질은 품종의 변이이다.
9	침팬지와 오랑우탄의 관계	같은 계통이므로 침팬지로부터 진화하였다.	▲	전혀 다른 지역에서 각각 별개로 성장하였다.	△	
10	돌연변이를 통하여 진화하는가?	후천적인 환경의 영향을 받아 돌연변이를 통하여 다른 종으로 진화한다.	◉	돌연변이는 오히려 퇴화를 초래한다. (예: 머리가 두 개인 뱀이나 거북이)	◎	
11	우주와 생명체 발생의 관계	연관 관계가 없다.	▲	불가분의 관계가 있다.	△	검증해야 할 사안이다.

구분	내용	진화론		성장론		비고
12	전체 맥락	과학과 상반되고 일관성이 없다.	×	과학과 일맥상통 하고 일관성이 있다.	○	

제 5 장

종의 분화와
암수의 분화

1 종의 분화

최초 생명체가 탄생한 후 오랜 세월 종의 분화과정을 거쳐 각각 성장하였다.

성장론은 생명체가 하늘 부모님에 의하여 탄생하였다고 보는 이론이다. 다시 말해 현재의 다양한 생명체는 최초 출현한 생명체 내에 이미 내포되어 있었던 종들로서, 분화과정을 거쳐 성체로 성장한 존재들이다.

종의 분화는 어떻게 이뤄졌을까? 하늘 부모님이 낳은 최초의 생명체는 자웅동체 상태에서 무성생식 형태로 종의 분화가 이루어졌으며 그 후 바다로 퍼져나갔다. 분화가 완료되어 종이 결정된 이후에는 성체로 성장하였다.

최초 생명체는 다양한 종이 내재된 공통종이다. 공통종이 자웅동체의 무성생식으로 번식하면서 종이 분화될 시기가 되면 모체와 같은 유전자를 가진 2세를 번식하기도 한다. 하지만 새로운 공통종으로 분화하기도 한다. 종이 분화할 때는 계통적 분화가 이루어진다. 지속적으로 계통적 분화가 이루어지다 보면 더 이상 분화할 수 없는 최종적인 상태에 도달한다.

　여기에서 더 이상 분화할 수 없는 최종적인 상태라는 것은 인간뿐만 아니라 사자나 호랑이와 같이 종이 결정된 상태를 의미한다. 종이 결정된 이후에는 더 이상 종이 분화하지 않고 성체로 성장하는 것이다. 이렇게 종이 결정된 이후에는 성장하는 과정에서 종의 변화는 없고 품종의 변화만 있을 뿐이다.

　같은 종이 다른 지역에서 살면 그곳에서 성장하여 출현하는 것은 당연하다.

　종이 결정되면 미생물 상태에서 본래의 종으로 성장하여 안정적으로 지상에 정착한다.

2 암수의 분화

　암수는 어떻게 나뉘었을까? 종의 분화가 완료한 후 종 본연의 형상으로 성장하는 초기에는 아메바와 같이 자웅동체로 번식하는 무성생식이 이루어진다. 어느 종이 무성생식하며 성장하는 과정에서 점점 암컷으로 성장한다. 그 암컷은 수컷 없이도 후손을 번식한다. 암수로 분화될 시기가 되면 암컷을 번식하기도 하지만 수컷을 번식하기도 한다. 이렇게 태어난 암수 개체는 서로 짝을 이뤄 유성생식을 하게 되었다. 모든 동식물은 이러한 과정을 거쳐 암수로 나뉘고, 짝을 이루어 서로 사랑하며 후손을 퍼뜨린다.

어떤 동물은 수컷 없이도 후손을 번식하는 경우도 있고 극히 일부의 인간 중에는 남성과 여성의 생식기를 모두 가지고 태어나는 경우도 더러 있다. 무성생식과 유성생식을 동시에 하는 동물의 번식 방법을 종합적으로 연구하면 이를 쉽게 이해할 수 있다.

3 종의 분화 및 성장의 흐름도

구분	동물		식물		비고
	육상 동물	수상 동물	육상 식물	수상 식물	
성장 완성 단계					← 성체(현재)
성장 단계					← 대형 운석 충돌 또는 동토 에 의한 멸종 ← 상동
종의 분화단계 (수상생활)					
최초 생명체 탄생					

위 그림은 종의 분화 및 성장의 흐름도로 개략적인 내용을 설명하기 위하여 그린 것이다. 지상에서는 환경의 변화로 동토가 되거나 대형 운석의 충돌로 대멸종이 나타나기도 한다. 이때 소금 결정체에 갇혀 생명이 정지된 상태인 생명체는 수맥이나 지각 변동을 통하여 되

살아나 다시 성장하게 된다. 그림은 최초의 생명체가 분화과정을 거치거나 대멸종이 있을 때마다 다시 성장하는 과정을 개략적으로 표현한 것이다.

생태계가 균형을 이루고 먹이사슬이 안정화된 상태에서는 새로운 종이 출현하여도 성장하는 과정에서 대부분 잡아먹힌다. 즉 새로운 종의 출현이 굉장히 어렵다.

대멸종 이후에는 다른 종에 의한 먹이사슬이 거의 존재하지 않기 때문에 지상 곳곳에서 다양한 종들이 우후죽순처럼 성체로 성장할 수 있었다.

대멸종이 있을 때마다 이러한 성장과정을 거치면서 과거에 출현하지 못한 새로운 종이 출현하기도 한다. 또한 과거에 존재하였던 종이 다시 출현하기도 했다.

이렇게 멸종과 성장을 반복하면서 다양한 종들이 존재하게 된 것이다.

제 6 장

우주의 탄생

1 우주의 창조

「천천경전」에 기록된 바와 같이 우주 탄생 전에 이미 하늘 부모님이 영적 세계에 계셨고 하늘 부모님이 발산한 참사랑의 에너지가 영적 세계에 충만하였다.

하늘 부모님은 빅뱅과 같은 어떠한 방법으로 4차원적인 참사랑의 에너지를 3차원의 물질 에너지로 변환시키심으로써 우주 공간에는 3차원의 물질 에너지가 충만하게 되었다.

우주 탄생을 하늘 부모님이 무無에서 유有를 창조한 것이라고 하면 정확한 표현이라고 할 수 없다. 하늘 부모님이 4차원적인 참사랑의 에너지를 3차원적인 물질 에너지로 변환시켰으므로 우주를 창조하셨다는 표현보다는 변환시키셨다(이하 창조라 한다)는 표현이 옳다.

2 우주와 은하계의 탄생

4차원의 영적 에너지가 3차원의 물질로 창조되었다. 그것은 수많은 은하계뿐만 아니라 은하계 내의 태양이나 지구와 같은 행성을 구성하는 물질이다.

빅뱅 형태로 폭발하는 과정에서 4차원의 영적 에너지가 3차원의 물질 에너지로 변환하였다. 대폭발 이후 우주 곳곳에 분포된 물질이 우주의 축을 중심으로 회전하고 있다. 빅뱅 당시에 우주 공간에 흩어졌던 물질이 오랜 기간을 거치며 인력작용으로 각각 뭉치게 되었다. 그 물질의 밀도와 온도가 상승하면서 대폭발을 일으키며 수많은 나선형의 은하계가 창조되었다. 우리 은하계도 같은 원리로 형성된 것이다.

우주 내에 엄청난 양의 물질이 퍼지면 자연스럽게 인력작용으로 물질이 뭉쳐져 압력과 온도가 상승하고 대폭발을 일으켜 수많은 은하계가 형성된다. 최초에 발생한 물질을 덮어 두고 그 이후만을 진화론적 관점에서 바라보면 물질이 진화하여 수많은 은하계가 형성된 것처럼 보일 수도 있다.

마찬가지로 최초 생명체가 하늘 부모님에 의하여 탄생한 후 성장하여 지상에는 다양한 생명체가 존재하게 되었다. 최초에 발생한 생명체의 이후만을 진화론적 관점에서 바라보면 최초의 생명체가 자연발생한 후 진화하여 지상의 다양한 종이 형성되었다고 착각하는 우를 범하게 된다.

스티븐 호킹 박사와 같은 물리학자도 무신론자이므로 물질이 진화하여 우주가 형성되었다고 주장한다. 진화론자는 자신을 존재하게 한 하늘 부모님까지 부정하고 있다.

최초 우주를 형성하는 물질의 발생과 최초 생명체 발생의 원인을 밝히는 일은 하늘 부모님의 존재 여부를 밝히는 가장 핵심적인 과제이다. 최초 물질의 출현과 최초 생명체의 출현에 대한 내용을 덮고 그 이후에 대해서만 논한다면 사이비 과학자인 진화론자의 주장에 말려들 수밖에 없다. 성장론을 밝히는 입장에서는 최초 물질의 발생과 최초 생명체 출현 문제는 생명체 발생원인을 밝히는 핵심이므로 진화론자의 의도대로 덮어 두고 다음 단계로 넘어갈 수 없다.

우리 은하계 경계 내에 흩어져 있었던 물질이 인력작용을 통하여 크게 뭉치게 되었다. 그 과정에서 어느 순간 대폭발이 일어나 우리 은하계가 탄생하였다. 우리 은하계 내에 흩어진 물질도 인력작용으로 각각의 위치에 형성된 항성에 흡수되므로 덩치가 큰 태양들이 우리 은하계 내에서 비교적 적당한 간격으로 형성될 수 있었다. 같은 원리로 태양계 내에서 대부분의 물질은 태양에 흡수되지만 각각의 위치에서 인력작용으로 화성이나 지구와 같은 태양의 행성들이 형성되었다.

우주 내에 분포된 수천억 개의 나선형 은하계는 분포된 위치에서 각각 우주의 축을 중심으로 자전과 공전을 한다.

우주에서 발생한 수많은 은하계는 우리 은하계의 형성과정과 같은 원리로 만들어졌다. 따라서 우리 은하계를 관찰하면 다른 은하계의 형성과정을 알 수 있다. 수많은 은하계는 우주의 축을 중심으로 공전하므로 은하계끼리 서로 충돌하는 일은 거의 생기지 않는다.

우리 은하계 내의 수많은 태양도 은하계의 축을 중심으로 공전하므로 각 태양끼리 충돌하지 않는다. 각 태양 내의 행성들도 마찬가지로 태양을 축으로 공전하면서 은하계의 축을 중심으로 공전한다. 이렇게 궤도가 안정되었으므로 태양의 행성들이 서로 충돌하는 경우는 거의 일어나지 않는다.

은하계가 폭발할 때 물질이 골고루 분포하지 못하고 더 많은 물질이 몰려 있는 곳이 있기도 했다. 그런 곳에서는 인력작용으로 주위에 있는 물질까지 흡수하여 폭발할 정도의 큰 규모로 뭉치는 일도 있었다. 2차 폭발을 통하여 부분적으로 별들이 다시 탄생하는 과정에서 우리 은하계에는 다른 태양계를 넘나들며 불규칙적인 궤도를 도는 혜성들이 존재하게 되었다.

3 태양계와 지구의 탄생

태양은 태양계 내에 분포된 대부분의 물질을 흡수하여 거대해졌다. 이렇듯 은하계 내에서도 각각의 위치에서 주위 물질을 흡수하여 수많은 태양이 만들어졌다.

우리 태양계 경계의 범위, 즉 약 1.5광년 반경 내에 흩어져 있었던 물질은 대부분 태양에 흡수되므로 거대한 태양이 형성된다. 각 태양에 흡수되지 못한 물질은 각자 위치에서 뭉쳐져 수많은 위성이 되었다.

목성도 같은 원리로 만들어져 여러 개의 위성이 존재한다.

태양과 적당한 거리에 위치한다면 지구처럼 생명체가 살아갈 수 있는 환경이 조성된다. 이처럼 태양과 적당한 거리에 행성이 위치한다면 지구와 같은 환경의 행성들이 우리 은하계 내에 틀림없이 존재할 것이다.

태양이나 태양 주위를 도는 행성의 경계 범위도 크기에 따라 각각 달라진다.

우리 은하계 내의 각 태양은 우리 은하계의 축을 돈다. 태양계 내에 있는 행성은 태양을 중심으로 돌면서 우리 은하계의 축을 돈다. 우리 은하계도 우주의 축을 돌고 있다.

비교적 규모가 작은 지구는 대형 혜성과 충돌하는 과정에서 달과 같은 큰 위성을 갖는 행운을 얻었다.

지구와 달은 태양을 축으로 자전과 공전하면서 우리 은하계를 축으로 자전과 공전하는 과정에서 안정화되었다. 덕분에 지구에는 달과 같은 위성이 존재하게 되었고 각각 자기 궤도를 안정적으로 유지하고 있다.

정확한 궤도에 안착하지 못한 인공위성은 궤도를 인위적으로 수정하지 않으면 인력작용으로 지상에 떨어지거나 궤도 밖으로 날아가 태양이나 다른 행성에 흡수된다. 안정된 궤도에 자리 잡은 인공위성이나 우주의 쓰레기는 자기 궤도를 유지할 수 있다.

약 3억 년 전에 하나로 뭉쳐진 초대륙을 판게아라고 한다. 판게아의 지각판이 서서히 움직여 현재 지도상의 여러 대륙으로 분리되었다.

독일의 기상학자인 베게너는 세계지도를 관찰하면서 대륙이 퍼즐처럼 되어 있는 것을 발견했다. 그는 1912년 다음과 같은 내용을 근거로 대륙 이동설을 주장하였다.

첫째, 남아메리카 대륙의 볼록한 부분과 아프리카 대륙의 오목한 부분의 해안선이 일치하고 아프리카 대륙과 아라비아반도의 해안선이 일치한다. 둘째, 빙하의 흔적이 분리된 다른 지역과 일치한다. 셋째, 같은 종의 고생물 화석이 분리되었다고 판단되는 다른 지역에서도 존재한다.

넷째, 산맥의 흐름이 분리된 지역과 일치한다. 이를 근거로 베게너는 대륙 이동설을 주장하였다. 육지가 고정되어 있다는 관념에 사로잡힌 수많은 사이비 과학자와 종교인은 대륙 이동설이 발표된 이후 수십 년 동안 이를 부정하였다.

성장론도 마찬가지이다.

첫째, 교배를 통해서는 다른 종으로 진화하지 않는다. 둘째, 후천적 획득형질을 통해서는 다른 종으로 진화하지 않는다. 셋째, 격리를 통해서도 다른 종으로 진화하지 않는다. 이는 인류 역사를 통하여 검증이 끝난 사실이다. 또한 종은 부모에 의하여 결정되므로 기후와 환경, 격리, 자연선택과 같은 후천적 획득형질에 의해서는 품종만 변화할 뿐 다른 종으로의 진화는 없다. 이 조건에 일맥상통한 이론이 성장론인 것이다.

창조론과 진화론의 고정관념에 사로잡힌 사이비 종교인과 사이비 과학자가 베게너의 대륙 이동설을 부정한 것처럼 성장론 역시 어떤 꼬투리를 잡아서라도 부정할 것이다. 그러나 시간이 흐르면 반드시 인정할 날이 올 것이다.

물질을 쪼개면 분자가 있고 분자를 더 작게 쪼개면 원자가 있다. 원자마저 더 작게 쪼개면 이번에는 소립자가 등장한다.

소립자는 에너지로 구성되어 있는데 과학자는 그 에너지가 어떠한 원인으로 출현하여 우주가 형성되었는지, 어떻게 생명체를 구성하는 물질로 변화되었는지를 밝혀내지 못하고 있다.

돌과 같은 광물질이나 뼈와 같은 단단한 물질도 에너지 결정체에 불과하다. 따라서 독수리가 삼켜도 위산의 소화액으로 소화할 수 있다.

철과 같은 쇠붙이는 위산의 소화액으로는 소화할 수 없는 광물질이다. 하지만 강철을 먹고 소화할 수 있는 기인이 존재한다. 이를 현대 과학으로 설명하는 것은 불가능할 것이다.

진화론자는 이와 같은 신비스러운 현상을 이해할 수도 없겠지만, 실제 존재하므로 안 믿을 수도 없는 진퇴양난에 빠져 있다. 하늘 부모님에 의하여 발생한 참사랑의 영적 에너지를 변환시켜 우주가 형성된 내용은 상상할 수도 없을 것이다.

4 발생 초기의 지구

발생 초기의 지구는 태양처럼 용암이 들끓는 액체 상태의 불덩어리였다. 지구는 소행성이므로 온도가 낮아 스스로 핵융합을 할 수 없으므로 폭발하지 못한다. 점점 식어가는 과정에서 화학작용을 일으켜 수소와 산소가 결합하였고 대량의 물이 생성되었다. 그러다 지표면이 급속도로 냉각되어 지구 전체가 바닷물로 뒤덮였다.

지표면이 식어가는 과정에서 여러 조각의 지각판이 형성되었다.

또한 맨틀이 대류하는 과정에서 지각판끼리 서로 부딪쳐 융기하거나 한쪽의 지각판이 다른 지각판 밑으로 들어가면서 그동안 바닷물 속에 잠겼던 해저 지표면이 융기하여 육지가 만들어졌다.

5 생명체의 천체비래설에 대한 반박

최초의 생명체 또는 생명체를 구성하는 물질이 지구 밖 외계로부터 도래하였다고 주장하는 과학자가 있다. 하지만 이는 잘못된 주장이다. 대략 150억 년 이전에는 우주 자체도 존재하지 않았다. 그뿐만아니라 다른 은하계 내의 태양이나 행성의 형성과정 역시 우리 은하계 내의 그것과 닮았다. 지구처럼 생명체가 살아가기에 알맞은 환경에서 생명체가 발생할 수 없다면 다른 행성 또는 다른 은하계에서 생명체가 출현하는 것도 불가능하다.

더욱이 태양은 은하계의 축을 중심으로 공전하고, 행성은 태양을 중심으로 공전하기 때문에 태양과 행성은 서로 부딪치거나 그 경계를 벗어날 수도 없다. 따라서 생명체가 외계로부터 유입되었다는 주장은 과학적이지 않다.

외계에서 날아온 혜성이나 운석에 의하여 생명체가 유입되었다거나 생명체를 형성하는 물질이 유입되었다는 주장은 실현 불가능하다.

우주는 점점 더 확장되어 가고 있다. 우리 은하계보다 직경이 두 배나 큰 안드로메다은하는 우리 은하와 가까운데도 약 230만 광년이나 떨어져 있다. 우리 은하계에서 300~400만 광년 범위 내의 국부 운하군만 하더라도 30여 개의 크고 작은 은하계가 존재한다. 은하계 내의 태양은 우주의 축과 은하계의 축을 중심으로 자전과 공전을 한다. 따라서 그 경계를 임의적으로 벗어날 수도 없다. 그래서 다른 태양계의 어느 행성에서 생명체가 존재하더라도 생명체가 하늘로 부양하여 태양계를 넘나드는 혜성에 실어 우리 태양계의 지구로 이동하였다는 주장은 터무니없다.

우주에는 수천억 개의 은하계가 존재한다. 우리 은하계에는 약 4,000억 개의 크고 작은 태양이 약 10만 광년에 걸쳐 흩어져 있다. 이는 우리 은하계 내에 약 4,000억 개의 태양계가 존재한다는 의미이다.

우리 태양계의 경계를 벗어나려면 빛의 속도로 약 1.5년이 걸린다. 로켓을 타면 최소한 몇천 년을 가야 도달할 수 있는 먼 거리이다. 우리 은하계의 다른 태양계에 속해 있는 어느 행성에 발달된 문명사회가 존재하더라도 인간 수명의 한계로 그 행성까지 이동은커녕 우리 태양계 경계를 벗어나는 것조차도 불가능하다.

다른 행성에 생명체가 존재하더라도 생명체가 붙은 바윗덩어리가 하늘로 부양하여 다른 태양계로 이동할 수도 없다. 설령 혜성이나 운석에 생명체 또는 생명체를 구성하는 물질이 붙어 있다 하더라도 지구 대기권에 들어오면 공기와의 마찰열에 의하여 대부분 소멸한다. 생명체가 운석에 붙어 유입되었다거나 유입된 물질에 의하여 생명체가 출현하는 원인이 되었다는 이론이 천체비래설이다. 만약 이 이론을 주장하는 과학자가 있다면 자기 자신이 사이비 과학자임을 스스로 공표하는 셈이 될 것이다.

제 7 장

창조론과
진화론의 주장

1 창조론, 진화론, 성장론의 비교표

※ 본 내용은 「천천경전」에서 발췌함.

구분	내용	창조론 (유대교, 기독교, 이슬람교)	진화론	성장론 (잉태론)
1	창시자	모세	라마르크, 찰스 다윈	성천
2	믿음의 근거	구약성경	종의 기원	《천천경전》
3	신의 존재 유무	있다.(유신론)	없다.(무신론)	있다.(유신론)
4	하나님은 누구인가	여호와, 예수, 성령의 하나님 또는 알라 하나님이다.	없다.(자연 발생하였으므로)	하늘 부모님과 자신의 부모님이시다.
5	생명체의 기원	여호와, 예수 또는 알라가 창조하였다.	자연 발생하였다.	하늘 부모님이 탄생시키셨다.
6	동식물의 종과 형상의 결정시기	동식물을 각각 창조한 때 결정되었다.	끊임없이 다른 종으로 진화하므로 종과 형상은 결정될 수 없다.	하늘 부모님에 의하여 잉태 시에 결정되었다.
7	종이 존재하게 된 원인	하나님이 종별로 동식물을 창조하였다.	생명체가 진화하여 다양한 종이 형성되었다.	하늘 부모님을 닮은 다양한 모습으로 각각 성장하였다.

구분	내용	창조론 (유대교, 기독교, 이슬람교)	진화론	성장론 (잉태론)
8	하나님과 인간과의 관계	창조하였으므로 하나님과 주종 간의 관계이다.	진화하였으므로 하나님은 존재하지 않는다.	태어났으므로 부모와 자녀 간의 관계이다.
9	인간의 영혼은 존재하는가	여호와가 생기를 불어넣은 인간에게만 영혼이 존재한다.	자연 발생하여 진화하였으므로 영혼이 존재할 수 없다.	하나님을 닮아 태어났기에 모두 영인이존재한다.
10	동식물의 영혼은 존재하는가	생기를 불어넣지 않았기 때문에 영혼이 존재하지 않는다.(무신론)	자연 발생하여 진 화하였기 때문에 영혼은 존재할 수 없다.(무신론)	하나님을 닮아 태어났기 때문에 모든 생명체에는 영인이 존재한다.(유신론)
11	인간의 영인은 어떻게 존재하나	자신과는 별개로 몸 어디엔가 존재할 것이다.(유신론)	존재하지 않는다.(무신론)	육신과 일체화되어 존재한다.(유신론)
12	인간과 동물의 마음(생각)은 어떻게 생기는가	육신의 뇌세포 (물질)에서 마음이 생겨 외적으로 표현된다.(유물론)	육신의 뇌세포 (물질)에서 마음이 생겨 외적으로 표현된다.(유물론)	영인의 뇌에서 생긴 마음이 육신의 뇌에서 정보처리하여 외적으로 표현된다. (유신론)

2 창조론과 진화론의 견해 차이

아름답고 경이로운 우주와 생명체는 우연히 발생할 수 없으므로 지적인 여호와 하나님이 창조한 것이 틀림없다. 이것이 창조론자의 주장이다.

진화론자는 창조론자가 주장하는 우연이나 지적 설계는 개연성이 떨어지므로 창조론은 정답이 될 수 없다고 말한다. 아직까지는 자연선택에 의하여 진화한다는 진화론을 깰 만한 어떠한 대안도 없으므로 진화론이 정답이라는 것이다.

지상의 생명체는 자연선택을 통하여 작은 단계의 진화가 누적된 결과물이므로 최초 출현한 생명체와 현존하는 생명체를 비교했을 때 전혀 다를 수밖에 없다는 것이다. 창조론자는 수많은 단계의 진화 과정을 무시하면서 최종 생명체만 보고 창조론을 주장하고 있다.

창조론자는 물질이 진화하여 발생한 장기가 유기적으로 작동하는 것은 불가능하므로 진화로는 동식물의 출현이 불가능하다고 주장한다. 오직 성경에 기록된 것처럼 여호와 하나님이 생명체를 종별로 창조하지 않았다면 복잡한 기능을 갖춘 생명체가 존재할 수 없다는 것이다. 따라서 진화론이야말로 현존하는 동식물을 관찰하여 꿰맞춘 이론이므로 사이비 과학이라는 것이다.

지금도 창조론자와 진화론자는 한 치의 양보도 없이 자기주장이 옳다고 우기며 상대방을 비난하고 있다.

모세가 만든 창조론과 라마르크와 다윈이 만든 진화론은 지상에 현존하는 생명체를 관찰하며 출현 과정을 각각 원인과 결과라는 관점에서 원시 이론을 업그레이드한 것이다. 그렇게 원시인이 만든 이론임에도 자신이 믿는 이론만 옳다고 여긴다.

하나님께서 동물의 오장육부와 이목구비와 같이 고도로 정밀한 부품을 만들고 결합시켜 생명체를 만들었으므로 아름답고 완벽할 수밖에 없다고 창조론자는 주장한다. 그러면서 비행기를 예로 든다. 설계도면에 의하여 각 부품을 만들고 결합시켜 첨단 비행기를 만들듯이, 지적인 여호와 하나님이 우주와 생명체를 설계하고 흙으로 첨단 부품의 장기를 만들어 결합하였기 때문에 정교하고 아름다운 생명체일 수밖에 없다는 것이다.

인간의 눈으로 볼 수도 없는 신이 우주와 동식물을 창조했다고 주장하는 창조론을 한낱 황당한 이론일 뿐이라고 진화론자는 생각한다. 현존하는 생명체를 관찰하면 미생물이 자연발생하여 다양한 생명체로 진화한 것이 틀림없다고 그들은 주장한다.

리처드 도킨스의 주장에 따르면 종이 진화하려면 눈먼 시계공(자연선택)이 금고 다이얼을 돌려 금고가 열릴 확률만 있으면 된다고 한다. 그 정도만으로 비행기와 같은 생명체도 출현할 수 있다는 것이다.

이러한 논리라면 지상에는 약 80억 명의 인간이 살아가는데, 금고 다이얼을 돌려 금고가 열릴 확률보다 수십 배 더 많은 인간들이 살아가므로 한 해에도 최소한 수십 명이 다른 종으로 진화해야 할 것이다. 하지만 인간이 관측이 가능한 수천 년 동안 인간이 다른 종으로 진화한 사례가 한 건도 발생하지 않았다. 동식물 중에서도 다른 종으로 진화한 직접적인 사례를 한 건도 찾지 못했다. 여기에서 우리는 한번 결정된 종은 환경의 변화와 교배를 통해서는 다른 종으로 진화하지 않는다는 사실을 알 수 있다. 교배와 격리를 바탕으로 논리를 전개하는 진화론은 100% 사이비 과학이라 아니할 수 없다.

진화론자는 진화론이 과학적이지 않다는 사실을 알면서도 창조론자를 비난하며 진화론을 강변하고 있다. 이는 창조론자와 별반 다르지 않다.

창조론자는 여호와 하나님이 무無에서 지상에 존재하는 생명체인 유有를 창조하였다고 주장한다. 진화론자도 무無에서 미생물인 유有가 자연 발생한 후 지상에 존재하는 다양한 종으로 진화하였다고 주장한다. 두 이론은 방법만 다를 뿐 결과물만 놓고 보면 같은 주장이다. 창조론자와 진화론자는 자신이 믿는 이론을 사이비 과학으로 포장하면서 자신의 주장이 옳다며 상대방을 비난하고 있다.

창조론자는 창조론에 세뇌되어 있다. 그들 눈에는 지상의 모든 생명체가 고성능 부품의 결합체로 보인다. 영적 세계와 영인의 존재를 정확하게 모르므로 인간의 뇌세포(물질)에서 의식이 발생한다는 유물론을 주장할 수밖에 없다.

창세기 2장에는 인형과 같은 노리개를 만들듯이 신이 인간을 흙으로 만들었다고 기록되어 있다. 그러면 맹신자는 지적 설계를 통하여 동식물을 창조하였다고 포장할 것이다.

3 생명체 출현에 대한 진화론자의 주장

진화론자는 최초 생명체 출현에 대하여 모른다면서도 이렇게 주장한다. 단백질과 같은 물질이 우연히 결합하여 미생물 형태의 모형이 만들어졌다. 그리고 그 물질이 최초의 생명체로 진화한 후 다시 지상에 존재하는 다양한 종으로 진화하였다는 것이다. 하지만 이는 뚝딱뚝딱 생명체를 만들었다는 창조론자의 주장처럼 개연성이 떨어진다.

최초에 출현한 미생물이 아무리 단순하더라도 생명체로 살아가려면 그것을 구성하는 장기가 처음부터 모두 갖추어져야 하고 유기적으로 작동되어야 한다.

영양분을 섭취할 수 있는 섭취기관이 있어야 하고 섭취한 물질을 소화하여 에너지로 변환시키는 기관, 최종적으로 필요 없는 것을 배출하는 배설기관처럼 수많은 기관이 존재해야 한다.

산소를 흡수할 수 있는 호흡기관, 각 세포에 영양분과 산소를 공급할 수 있는 심혈관 기관, 일정한 간격으로 전기 자극을 통하여 심장을 작동하게 하는 전기 발생 기관, 오감을 느끼는 감각기관, 각 기관을 컨트롤할 수 있는 두뇌 등 다양한 기관이 최초에 발생한 미생물 체내에 처음부터 존재해야 한다. 이 기능들을 모두 갖추어도 생명체로 살아갈 수 있는 외적 조건만 충족했을 뿐이다. 아직까지는 여전히 움직일 수도 없는 사체에 불과하다. 그 모형에 생명이 깃들어 각 기관이 상호 유기적으로 돌아가야만 비로소 진정한 생명체라고 할 수 있는 것이다.

진화론에서는 최초의 생명체가 2세를 번식할 수 있는 신체구조로 당대에 진화가 이뤄져 현재까지 2세를 번식한다고 주장한다.

성장론은 최초의 생명체가 하늘 부모님한테서 태어났으므로 2세를 번식할 수 있는 기능이 처음부터 내재되어 있었다고 본다. 말의 어금니와 발굽이 변하는데 6,000만 년이 소요되었다는 것과 2세를 번식할 수 있는 복잡한 신체 구조로 당대에 진화하였다는 것을 비교했을 때 진화론이 이치에도 맞지 않고 형평성에도 맞지 않는다는 사실을 알 수 있다. 그러니 당연히도 성장론이 정답이다.

동물의 몸체와 각종 기능을 달리하는 장기가 처음부터 연동되어 작동하는 바탕 위에서 생명체가 존재해야 사리에 맞다. 진화과정에서 새로운 장기가 발생한다면 기존 장기와 연동되어야 하는데 그것은 쉬운 일이 아니다. 그래서 각종 장기가 처음부터 존재하지 않거나 존재하더라도 생명이 깃들지 않으면 생명체는 살아갈 수 없다고 보는 게 타당하다.

바닷가에는 수많은 미생물 형태의 진흙 알갱이와 모래 알갱이 또는 유기물 덩어리가 존재한다. 하지만 그것들은 단순한 생명체로 진화할 수 없다. 그 물질 내에 수많은 기능을 지닌 각종 장기가 존재하지 않기 때문이다. 설령 수많은 장기가 존재하더라도 그것들이 서로 유기적으로 작동하지 못하고 생명이 깃들 수도 없다.

진화론자는 두 가지 주장 중 하나를 상황에 맞게 둘러대고 있다. 하나는 물질이 진화하여 만들어진 물질 덩어리에서 각종 장기가 생겨난 후 화학작용을 일으켜 생명이 깃들었다는 것이다. 다른 하나는 아무런 장기도 없는 유기물 덩어리가 화학작용을 일으켜 생명이 깃든 후 각종 장기가 발생하였다는 것이다. 이를 들여다보면 진화론자의 실체를 알 수 있다.

진화론자는 영인의 존재를 부정한다. 그래서 단순한 물질 덩어리가 진화하여 다양한 기능을 갖춘 물질이나 동식물이 되었다고 생각한다. 그들로서는 뇌세포에서 의식이 발생한다는 유물론을 믿을 수밖에 없다.

진화론의 결정적인 모순점은 원인적인 생명과 결과적인 물질은 전혀 다른 개념인데도 둘을 하나로 보고 물질이 진화하여 복잡한 구조의 생명체로 진화한다는 논리를 취하는 데 있다.

진화론자의 논리를 종합하자면 이렇다. 물질이 우연하게 결합하여 색소폰 악기의 모형이 만들어지면 색소폰 모형의 물질이 화학작용을 일으켜 생명이 부여된다. 그러면 색소폰 모형의 물질이 생명체가 되어 돌아다니며 스스로 원하는 노래를 부르며 후손을 번식한다는 발상인 것이다.

이제는 과학이 발달하여 인간 형상의 인공지능 로봇을 만들어 이용하는 시대가 도래하였다.

진화론자는 생명체의 외형만을 보고 뇌세포라는 물질에서 의식이 발생한다고 생각하는 유물론자이다. 그들은 수많은 부품으로 이뤄진 로봇 인간의 두뇌에서 의식이 발생한다고 생각하는 사람들이다. 그래서 수많은 장기로 이뤄진 인간처럼 수많은 부품으로 이뤄진 로봇이 인간 형상을 하고 인간처럼 말과 행동을 하면 로봇을 진화한 인간으로 볼 것이다. 그 로봇이 성적 욕구를 만족시켜주고 불평 한마디 없으면 결혼해 함께 살아도 후회하지 않을 자들이다.

인류가 인지 가능한 역사는 최소한 3,000년 이상이다. 그 사이 열대와 한대처럼 열악한 환경에서 살았던 인간이나 동식물 중 다른 종으로 진화한 직접적인 증거는 한 건도 발견하지 못했다. 다만 진화 과학자가 성장론을 진화론으로 왜곡시키는 주장만 할 뿐이다.

자녀가 부모의 유전인자를 각각 이어받는 과정에서 조금씩 다른 품종이 발생한다. 넓은 지역에서는 비교적 변화가 크고 갈라파고스제도처럼 격리된 좁은 지역에서는 오랜 기간 가까운 혈통끼리만 교배가 이루어지므로 변화가 적어야 다윈의 진화론에 부합할 것이다. 그런데도 다윈은 정반대의 주장을 펴면서 인류를 기망하고 있다.

다윈은 멘델의 유전법칙을 통하여 교배를 통한 변이는 종 자체 내의 변이이므로 다른 종으로 진화할 수 없다는 과학적 사실을 사망할 때까지 알지 못했다. 그는 과학적 배경 지식 없이 교배를 통하여 돌연변이 형태로 태어나거나 자연선택과 같은 후천적 획득형질에 의하여 끊임없이 다른 종으로 진화한다고 보는 '종의 기원'을 발표하였다.

진화 과정을 연구하려면 최소한 수천 년 또는 수천만 년 동안 살아 있는 생명체를 종합적으로 연구해야 한다. 그렇더라도 3차원적 의식 구조를 가진 인간으로서는 이를 정확히 알기 어렵다. 그런데도 다윈은 불과 5년간의 짧은 기간, 그것도 갈라파고스에서 다양한 핀치새를 채집한 후 영국으로 돌아왔다. 더구나 그는 염색체나 유전자를 검사하는 것처럼 과학적인 방법을 사용하지도 않은 채 조사한 것들을 자신이 구상한 진화이론에 성급히 대입하였다. 그렇게 해서 나온 결과물이 부모의 형질을 이어받는 종 자체 내에서의 품종 변이마저도 진화의 산물이라는 것이다. 다시 말해 다윈은 첫 단추부터 잘못 끼운 것이다.

4 창조론과 진화론의 관점

생명체가 자연 발생하려면 여러 가지 조건이 필요하다. 물질이 진화하여 여러 가지 기능을 담당할 다양한 장기가 연동하여야만 생명체로 살아갈 수 있다.

더욱이 육신과 영인이 일체화되어야만 진정한 생명체라고 할 수 있다. 물질로 이뤄진 육신만을 생명체로 보면 진정한 생명체의 출현은 불가능하다.

뇌세포라는 물질에서 의식이 발생한다는 유물론자에 의해서는 최초 생명체 출현을 밝히는 것은 불가능하다. 그래서 그들은 자연 발생하였다는 그릇된 주장을 하고 있는 것이다. 첫 단추를 잘못 끼웠기 때문에 성장과정을 진화과정으로 왜곡시키는 원인이 되었다.

성장론이 정답으로 밝혀진다면 창조론과 진화론이 사이비 이론이라는 결론에 다다르게 될 것이다.

또한 성장론을 밝히는 문제는 곧 하늘 부모님의 존재 여부를 밝히는 문제로 이어짐으로 우리는 최초에 출현한 생명체의 발생원인을 대충 넘길 수 없다.

지상에서 살아가는 생명체는 종이 모두 뚜렷하게 구분되어 있다. 교배와 격리를 통해서는 다른 종으로 진화하지 않기 때문이다. 그럼에도 불구하고 진화론자는 교배 또는 환경의 영향을 받아 다른 종으로 끊임없이 진화한다고 학생들을 반복적으로 세뇌하고 있다. 창조론자처럼 진화론자도 세뇌된 상태이기 때문에 확증편향적 틀에서 벗어나지 못하므로 문제점을 바로잡을 수 없다.

창조론과 진화론은 신의 존재 유무를 놓고 다투는 상극 관계의 논리임에도 가톨릭은 창조론의 모순점을 덮기 위하여 진화론을 수용하며 진화적 창조를 주장하기도 한다. 이는 또 다른 사이비 종교 이론의 탄생에 불과하다.

5 창조론이 진화론보다 과학적이다

창조론과 진화론을 살펴보자. 우주와 생명체가 존재하게 된 원인에 대하여 두 이론은 어떻게 보고 있을까. 우선 창조론은 여호와 하나님이 우주와 생명체를 창조하였다고 본다. 진화론은 원인 없이도 우주와 생명체가 자연 발생하였다고 본다. 아이러니하게도 우주와 생명체를 뚝딱뚝딱 만들었다고 인과법칙 관점에서 주장하는 창조론이, 원인 없이도 결과가 존재한다는 진화론보다 형식적으로는 더 과학적이다.

이들은 뇌세포에서 의식이 발생한다고 생각하는 유물론자이기 때문에 6일 동안에 우주와 다양한 종의 생명체를 창조하였다거나 우주와 생명체가 자연 발생하여 진화하였다는 물질주의적 관점의 결과물을 만들 수밖에 없다.

자신이 어떤 존재인지도 모르면서 생명체 발생원인을 밝히는 자체가 허구이다. 생명체 탄생보다 더 앞선 시기의 우주 발생원인을 밝히는 문제는 더욱 불가능하다. 더 앞선 시기부터 존재하시는 하늘 부모님의 존재에 대해서는 인간의 생각으로는 상상을 초월하므로 논의 자체가 불가능한 것이다.

창조론을 가르침으로써 심판이라는 독재의식과 원죄라는 죄의식을 전수 받은 기독교와 이슬람교 신자는 자신과 코드가 맞는 보수 독재 정권을 지지하였다. 독재자들은 적극적으로 보호하여야 할 민주 시민과 어렵게 살아가는 사회적 약자에게 불신자라는 죄목을 붙여 심판하는 악의 무리들이었다. 마찬가지로 진화론을 배워 신자가 되면 약육강식의 의식을 전수 받아 기독교와 이슬람교의 '만들어진 신'을 삐딱한 시선으로 바라보게 된다. 그렇기에 진화론 신봉자들은 참사랑의 하늘 부모님도 '만들어진 신'이라거나 또는 '신은 죽었다'라고 비아냥거린다. 실체적 하늘 부모님을 비방하는 악의 무리가 되는 것이다.

6 교배를 통해서는 종의 진화가 없다

교배를 통해서는 종이 진화하지 않는다. 이는 인류 역사가 검증해 준 사실이다. 자녀는 부모에 의하여 결정되므로 부모를 닮지 않을 수 없다. 그래서 교배를 통하여 후천적으로 다른 종으로 변화되는 진화는 불가능하다.

같은 종끼리 교배하여 나온 자녀는 품종의 변이만 있을 뿐이다.

프셰발스키 야생말과 일반 가정에서 사육하는 말은 형태적으로는 비슷하지만 염색체 수가 달라 다른 종이다. 그런데도 우리는 외형만 보고 말이라는 이름을 부여하여 야생말이라고 부른다. 이렇듯 진화론자는 종이나 품종이 외형적으로 비슷하다면 같은 종으로 인식한다.

다윈은 갈라파고스제도에서 다른 종의 핀치새인지, 같은 종으로서 다른 품종의 핀치새인지에 대하여 염색체와 유전자를 검사해 종을 구분한 것이 아니다. 겉모습만 보고 대충 종을 구분한 것이기에 이는 과학이라고 볼 수 없다.

이러한 형태의 두루뭉술한 조사와 관찰은 성장론을 진화론으로 왜곡시키는 원인이 되었다. 현대의 생물학자라면 현대 과학과 다윈의 주장이 상반되었을 때 다윈을 사이비 과학자라고 질타하고 그가 만든 진화론을 퇴출해야만 옳다. 하지만 그들은 그렇게 하기는커녕 오히려 맹신자가 되어 사이비 진화론자로 전락하였다.

7 형태분류학은 비과학이다

진화 과학자는 그동안 유전자 분석을 무시하고 형태학적 분류를 통하여 서서 돌아다닐 수 있고 인간 형상과 닮은 원숭이와 침팬지를 인간과 같은 유인원으로 분류해 놓았다. 침팬지가 인간으로 진화하였다고 보는 견해로서의 분류이다.

말과 소와 고래를 살펴보자. 말과 소는 육지에서 네 다리로 기어 다니므로 형태가 비슷하여 같은 계통으로 보아야 옳다. 고래는 해상에서 지느러미로 헤엄치며 살아가므로 어류 계통으로 보는 것이 진화론과 부합할 것이다.

유전학 관점에서 본다면 소와 말보다 소와 고래가 계통이 더 가깝다. 그렇다면 형태분류학을 추구하는 진화론은 유전학 관점에서 보면 근본적으로 잘못된 이론이다. 천태만상의 동식물을 형태학적으로 분류하여 만든 진화론은 심각한 문제점이 내포되어 있으므로 사이비 이론이다.

8 잉태 시에 종과 형상이 결정된다

지상에 존재하는 모든 생명체는 부모의 사랑에 의하여 잉태 시에 종과 형상이 결정된다. 그러고 나서 후천적으로 성장한다. 그러므로 후천적 획득형질에 의하여 다른 종으로 진화한다는 주장은 옳지 않다.

이종 간에는 원칙적으로 교배를 통하여 후손을 번식하지 못한다. 간혹 계통적으로 일부 가까운 종에서 이종 간의 교배가 이루어져 라이거나 노새와 같은 2세가 태어나기도 한다. 하지만 그 2세는 번식이 불가능하므로 교배를 통해서는 새로운 종으로 진화할 수 없다.

그런데도 진화론자는 교배를 전제로 종이 진화한다고 주장한다. 그들은 독재적 심성을 가졌기 때문에 문제점투성이의 진화론을 바로잡으려 하지 않는다. 그렇게 하기는커녕 국민을 탄압하는 독재 정치인의 지배이론을 합리화하고, 인류를 약육강식의 환경에 내몰고 있다. 직접적인 가해자인 셈이다.

지상에 존재하는 동식물은 최초 출현한 생명체로부터 발생하였으므로 식물 종의 분화 원리는 동물 종의 그것과 같아야 한다.

예를 들면, 사과나무가 꿀벌이나 나비와 같은 곤충에 의하여 수박이나 참외와 끊임없이 이종 교배가 이루어진다. 그렇다면 사과나무에는 중간 형태의 과일이 달려야 한다. 그래야 진화론에 부합할 것이다. 하지만 사과나무는 같은 종끼리만 수정이 이루어진다. 한 건의 예외 없이 사과나무에서는 사과 열매만 달리는 것이다.

이 사례를 통해 우리는 식물도 동물처럼 이종 교배를 통해서는 다른 종으로 진화할 수 없는 것을 알 수 있다.

교배를 통하여 지속적으로 자녀는 부모를 닮은 후손을 번식할 수 있어야만 같은 종이다. 부모를 닮을 수밖에 없기 때문에 부모와 다른 종으로 태어나는 것은 불가능하다. 진화론에 세뇌된 사람에게는 이를 아무리 강조해도 부족하다.

개는 과거에는 야생 늑대였다. 수천 년 동안 인간과 함께 살아 염색체가 다르게 변하여 새로운 종으로 진화하였다면 진화이론에 부합한다고 볼 수 있다. 하지만 염색체 수가 같고 교배가 가능하다. 따라서 개와 야생 늑대는 같은 종이다. 개를 야생에 풀어 놓으면 결국 늑대로 살아가는 것이다. 품종만 다를 뿐이다. 그렇다면 같은 종의 이름을 부여하고 늑대 품종 또는 개 품종으로 불러야 옳다.

앞서 언급한 프셰발스키 야생말과 일반 말은 형상은 비슷하더라도 염색체 수가 각각 66개와 64개이기 때문에 다른 종으로 보아야 한다. 그렇다면 새로운 이름을 부여하여 종을 구분하여야 함에도 말이라는 이름을 부여해 놓았다. 이는 마치 침팬지를 유인원이라고 부르면서 침팬지가 인간으로 진화하였다고 주장하는 것과 같다.

프세발스키 야생말을 잡아다 길들여 사육하는 과정에서 염색체 수가 변하여 말로 진화하였다고 주장하는 진화론자가 있다면 이는 명백히 잘못된 것이다.

앞으로는 창조론, 진화론과 성장론을 객관적 관점에서 가르칠 필요가 있다. 담배꽁초를 공공장소에 버리는 자에게 10만 원의 벌금을 부과하여 질서를 바로잡듯이, 창조론과 진화론은 과학적이지 않고 독재의식이 내포된 이론이므로 가르치지 않는 게 좋다. 어느 이론이 옳다고 학생들을 세뇌하는 교수가 있다면 학생을 왜곡된 심성으로 피폐하게 살아가게 하는 범죄행위를 저지르는 것이다. 그러므로 세뇌할 때마다 일만 원이라도 과태료를 부과해야 한다. 그래야 이처럼 올바르지 않은 행태를 바로잡을 수 있다.

식물이든 동물이든 부모가 사랑하면 그 후손은 부모와 같은 종으로 태어난다. 기후와 환경이나 자연선택과 같은 후천적 획득형질에 의하여서는 품종개량이 이루어질 뿐이다. 동물이든 식물이든 어떠한 경우에도 다른 종으로 진화하지 않는 것이다.

창조라는 도깨비방망이를 휘둘러 우주와 생명체를 만들었다는 창조론을 믿을 것인가, 아니면 자연선택이라는 도깨비방망이를 휘둘러 우주와 생명체로 진화하였다는 진화론을 믿을 것인가. 인류는 둘 중 하나를 선택해야 하는 진퇴양난에 빠져 있다.

세상에는 형상이 엇비슷한 원숭이 종이 다양하게 존재한다. 꼬리가 달린 원숭이 종도 있고 꼬리가 없는 원숭이 종도 있다. 꼬리를 손잡이로 사용할 수 있는 원숭이 종도 있다. 이들은 겉으로 보기에는 형상이 비슷하여 같은 원숭이 종으로 볼 수도 있다. 하지만 교배가 불가능하므로 종 자체가 다르다. 종은 부모에 의하여 결정되기 때문이다. 성장과정에서 꼬리의 유무, 또는 꼬리를 손잡이로 사용하는지가 결정되는 것이 아니다. 부모에 의하여 잉태 시에 결정되는 것이다. 먹이의 습득이나 지형지물 또는 기후와 환경의 변화에 적응하는 것은 후천적으로 습득하는 부분도 있지만 대부분은 선천적인 마인드가 더 크게 작용한다.

동물은 잉태 시에 정해진 종으로 태어나 선천적인 마인드와 후천적으로 습득한 지식으로 환경에 적응하며 살아가는 것이다.

한 몸에 머리가 두 개 달린 거북이와 뱀이 가끔 발견된다. 진화론의 논리가 맞는다면 돌연변이로 머리가 두 개 달린 거북이와 뱀이 태어나더라도 지속적으로 같은 형상의 후손을 번식하여야 한다. 그러나 염색체 이상이나 돌연변이로 태어나는 생명체는 2대 이상 번식이 되지 않는다. 동 사례를 통하여 한번 결정된 종은 어떠한 경우에도 다른 종으로 진화하지 않는다는 사실을 알 수 있다.

다윈은 '종의 기원'에서 이렇게 주장했다. '작은 개조가 수없이 거듭되는 것만으로도 결코 만들어질 수 없는 어떤 복잡한 기관이 존재하는 것이 증명된다면 본인의 진화론은 붕괴할 것이다.'라고 말이다. 이는 다양한 해석이 가능한 점괘를 만들어 놓고 상황에 맞게 둘러대는 행위와 같다. 마치 '십계' 영화에서 수많은 프레임을 조작하여 모세가 던진 지팡이가 뱀으로 변하듯이, 지팡이가 뱀으로 진화하였다고 주장하는 형태이다.

리처드 도킨스는 한발 더 나아갔다. 생명체 진화와는 전혀 상관없는 자동차와 비행기, 컴퓨터나 로봇과 같은 인간이 만든 작품이나 사회현상까지도 다윈의 진화이론에 부합한다는 것이다. 다윈의 주장이 붕괴할 만한 현상은 아직까지 발견하지 못하였으므로 진화론이 정답이라고 그는 주장한다.

리처드 도킨스는 눈먼 시계공(자연선택)일수록 시계를 더 잘 고친다는 형태의 논리를 펴면서 인류를 기망하고 있다. 아직까지는 진화론자의 입을 막을 자가 없었다. 대체할 만한 이론이 없기 때문이다. 이제는 성장론으로 중구난방으로 나불대는 그 입을 틀어막을 수 있다.

9 염색체와 유전자는 각 동식물의 설계도와 같다

인간의 염색체 수는 46개이다. 간혹 환경의 오염이나 이상 현상으로 염색체 수가 다르게 태어나기도 한다. 염색체가 45개면 터너 증후군이고, 염색체가 47개면 클라인펠터 증후군이다. 이러한 장애인으로 태어나면 후손을 만들지 못한다.

침팬지와 원숭이는 염색체가 각각 48개와 54개로서 인간보다 많다. 토끼는 44개로 인간보다 적다. 또한 식물인 감자의 염색체가 48개로 침팬지와 같다. 동식물의 염색체가 많거나 적다고 해서 어느 종이 진화하였다거나 퇴화하였다고 주장하는 것은 잘못이다. 염색체는 어떤 종이나 형상의 특성이 결정되기 위한 일종의 설계도와 같기 때문이다.

염색체 또는 DNA는 부모로부터 결정되는 것이다. 돌연변이 또는 염색체 이상으로 태어난 종은 후손을 번식하지 못하므로 염색체 이상에 의한 종의 진화는 없다.

10 물질의 진화를 주장하는 진화론자

최초 생명체로부터 발생한 동식물은 종과 형상의 차이만 있을 뿐 작동 원리는 모두 같다.

최초 출현한 생명체를 우리가 알기 쉽게 짚신벌레라고 가정해보자. 짚신벌레가 생명체로 살아가기 위해서는 서로 다른 기능을 담당하는 수많은 장기가 처음부터 유기적으로 작동해야 한다. 수많은 장기가 처음부터 작동하지 않는다면 최초의 생명체는 출현할 수 없다. 아무리 미세한 생명체라고 해도 생명체가 작동하는 원리는 큰 생명체와 다르지 않다. 여기에서 우리는 진화론자의 주장을 간파할 수 있다. 진화론자는 대놓고 표현은 못하지만 생명체가 출현하게 된 원인은 물질이 진화하여 각종 장기가 만들어졌다는 것을 슬쩍 숨기고 있다. 이 것이 터무니없음을 자신도 잘 알기 때문이다. 그들은 아무 기능도 없 는 최초 생명체가 자연 발생하였다고 두루뭉술하게 넘어간다.

진화론자는 최초 출현한 생명체가 물질이 진화하여 다양한 장기를 갖추고 온전한 몸체를 이루었다는 것을 전제로 깔고 있다. 그러면서 그 몸체에 화학작용을 통하여 생명이 깃들었다고 주장한다.

진화론은 오파린과 같은 원시 과학자가 '생명의 기원'을 통하여 무 기물이 화학적으로 진화하여 유기물로 진화하였다는 추측 형태의 주 장에서 비롯되었다.

이를 바탕으로 밀러는 원시 상태의 무기물이 유기물로 진화하였다 고 주장한다. 폭스는 생명체의 원인이 되는 단순한 유기물에서 고분 자 유기물로 진화하는 것을 실험을 통하여 확인하였다며 진화론자가 자연발생설을 추론할 수 있는 결과물을 내놓았다.

이것들은 생명체가 살아갈 수 있는 환경의 변화에 대한 관찰일 뿐 이다. 이들의 주장을 바탕으로 후대 진화론자에 의하여 물질이 진화 하여 생명체가 출현하였다는 진화이론이 확립되었다. 진화론자는 이 렇게 과학적이지 않은 관점에서 만들어진 가설들을 인용하여 생명체 가 자연 발생하였다고 주장하고 있다.

진화론자는 이를 바탕으로 고분자 유기물이 진화하여 원시 생명체 가 출현하였고, 그로부터 무기 호흡하는 종속 영양생물로 진화하였다고 보았다. 또한 CO2가 증가함에 따라 종속 영양생물에서 독립 영양생물로 진화하였고, 산소의 증가로 유기 호흡하는 영양생물로 진화하였다며 물질의 진화를 주장하면서 생명체 진화로 어물쩍 둔갑시키고 있다.

이러한 물질의 진화를 통하여 원핵생물에서 원생생물로, 원생생물에서 다양한 식물과 동물로 진화하여 각종 동식물이 지상에 출현하였다고 진화론자는 주장한다.

오파린, 밀러 또는 폭스의 주장을 바탕으로 수많은 미생물이 자연 발생하였다는 것이다.

진화론자는 수많은 생명체가 자연 발생하였다고 주장하면서도 지상에 존재하는 모든 생명체는 최초에 출현한 오직 하나의 생명체로부터 진화하였다는 이율배반적인 주장을 펼치고 있다.

아리스토텔레스의 자연발생설이나 오파린, 밀러 또는 폭스와 같은 원시 과학자가 추측 형태로 내놓은 물질의 진화를 받아들일 것이 아니라, 파스퇴르의 연구 내용인 생물속생설을 받아들여 미생물은 자연 발생할 수 없다고 주장했어야 했다.

이제는 원시 종교인과 원시 과학자의 이론을 계승하여 만들어진 문제점 투성이의 창조론과 진화론에만 매달려서는 안 된다. "새롭게 밝힌 생명의 기원과 종의 기원"에서 정답을 찾아야 할 때이다.

다행스럽게도 진화론 가운데 성장론의 주장과 일치하는 부분이 하나 있다. 지상에 존재하는 생명체가 한 생명체로부터 발생하였다고 한 부분이다. 만일에 수많은 미생물이 자연 발생하여 다양한 종으로 진화하였다고 인류를 세뇌시켜 놓았다면 이를 바로잡기 어려웠을 것이다.

물질이 생명체의 모형으로 결합되었다거나, 결합된 물질이 생명체 모형으로 진화하였다거나, 그 모형에 생명체가 깃들었다고 주장하는 것은 과학적이지 않다.

유기물이 우연히 결합해 최초 생명체의 모형이 만들어지면 그 모형 내에 장기들이 저절로 발생하여 생명체가 되었다거나, 장기도 들어 있지 않은 생명체 모형에 화학작용을 통하여 생명이 부여된 후 각종 장기가 발생하여 최초 생명체로 살아가고 있다. 진화론은 이렇듯 막연하게 생각한다.

기독교는 창조론 간판을 걸어 놓고 타락한 죄인의 후손이라며 신자를 심판하고 있다. 이럴 때 도킨스가 올바른 과학자라면, 창조론과 진화론을 과학으로 검증하여 사이비 이론임을 밝혀내고 창조론을 표방하는 사이비 종교를 퇴출시켜야 했다.

진화론자는 생명체를 구성하는 수많은 장기가 각각 다른 기능으로 어떻게 진화하였는지, 결합된 장기가 어떻게 유기적으로 작동하는지, 또는 어떻게 생명이 부여되었는지를 누구나 납득할 수 있게 밝혀야 한다. 물질의 진화과정을 밝히지 못한 채 진화론을 부르짖는 것은 흙이나 말씀으로 창조하였다는 창조과정을 밝히지 못한 상태에서 창조론을 부르짖는 종교인과 한 치도 다르지 않다.

진화론자는 뇌세포에서 의식이 발생한다고 믿으므로 물질에서 생명이 발생하였다고 생각한다. 그래서 물질이 고등 생물로 진화하는 외형적인 진화뿐만 아니라 하나씩 추가된 장기들까지도 단순한 기능의 장기에서 첨단 기능의 장기로 진화하였다고 주장하는 것이다.

생명체를 구성하는 어느 장기가 필요해서 발생하고 필요하지 않게 되어 퇴화하였다는 주장은 결국 기존 장기와 연동해야 하기 때문에 있을 수 없다. 생명체를 구성하는 수많은 장기가 처음부터 존재하여야 하고 처음부터 작동하지 않는다면 생명체로서 존재할 수 없다.

예를 들면 진화과정에서 심장이 필요하여 발생하더라도 기존 장기와 연동될 수 없기 때문이다.

그러함에도 필요해서 장기가 발생하거나 불필요하여 퇴화하였다는 주장을 펼친다. 이를 종합적으로 살펴보았을 때 우리는 진화론을 통해서는 최초 생명체는 출현할 수 없다는 결론에 이르게 된다.

진화론자는 지금까지 진화론을 대체할 만한 대안적 이론이 없으므로 진화론이 정답이라는 주장을 펼쳐왔다. 최초 생명체로부터 지상에 존재하는 생명체는 각각 부모에 의하여 잉태 시에 종이 결정되고 최초 출현한 생명체로부터 수많은 대가 끊이지 않고 이어져 왔다.

그렇다면 지상의 모든 생명체는 부모로부터 탄생하였듯이 최초에 출현한 생명체도 하늘 부모님에 의하여 탄생되었다는 사실을 알 수 있다. 이는 성장론과 일맥상통한다. 성장론은 현대과학과 가장 잘 부합하는 이론이다. 그러므로 창조론과 진화론을 폐기할 때가 왔다. 성장론을 대체할 새로운 대안이 나올 때까지는 성장론을 적극적으로 공교육에 반영해야 한다.

따라서 진정한 과학자라면 창조론, 진화론과 함께 성장론을 연구하여 성장론이 정답임을 검증하여야 한다. 인류가 존재하게 된 원인을 알아야만 인류가 살아야 할 삶의 목적을 알고 올바른 삶을 살아갈 수 있기 때문이다. 올바른 의식을 가진 과학자라면 생명체가 출현하게 된 근본 원인을 밝히는 것을 최우선 과제로 두어야 할 것이다. 자신의 전공 분야가 생명체와 관련 있는 학문이라면 더더욱 성장론을 다각적인 측면에서 검증해야 한다.

11 화석에서 미토콘드리아를 추출했다는 진화론자

모계의 유전은 미토콘드리아를 통하여 유전한다. 진화론자는 수백만 년 전에 살았던 루시를 조사하였다. 루시는 인간과 같은 미토콘드리아를 가지고 있어 인류의 조상이므로 인류가 아프리카에서 출현하여 세계 각지로 퍼져나갔다고 진화론자는 주장한다.

인류의 이동 경로를 밝히려면 세계 곳곳에서 다양한 인류의 화석들을 발굴하고, 그 화석에서 미토콘드리아를 추출하여 같은 인간 종인지를 확인해야 한다. 그다음 화석의 선후 관계를 확인해야 한다. 그러고 나서 아프리카에서 인류가 출현하여 세계 각지로 퍼져나갔다고 주장하는 것이 올바른 태도이다.

진화 과학자는 아프리카에서 발견된 루시의 화석에서는 미토콘드리아를 추출할 수 없었다.

그런데도 세계 각 지역에서 살아가는 147명의 현대 여성들을 모집하여 미토콘드리아를 조사해보고선 루시의 화석과 연관시켜 설명했다. 인류의 조상인 루시가 아프리카에서 발생하여 세계 각 지역으로 퍼져 현대인으로 살아간다는 것이다.

이는 성장론을 진화론으로 왜곡시키려는 수많은 가설 중 하나일 뿐이다.

12 자신의 부모를 부정하는 진화론자

진화론을 믿는 인간은 대체로 부모와 조상은 자신보다 덜 진화한 인간이라고 생각하여 무시하는 경향이 있다.

인간은 생존경쟁에 내몰려 살아가면서 얻게 된 탐욕 탓에 보수와 진보의 의식이 뿌리내린 채 투쟁하며 살아간다. 그러한 의식으로 뿌리내린 인간은 눈으로 볼 수 없는 영인의 존재마저도 부정할 수밖에 없다. 눈에 보이는 껍데기와 같은 육신을 본질의 인간으로 생각하고 동물적인 삶을 살아가고 있다.

3차원적 의식으로 살아가는 창조론자와 진화론자는 그동안 수많은 생명체를 보아왔으므로 그것이 존재하는 것을 당연하게 여긴다. 그러한 상태에서는 하늘 부모님에 의하여 생명체가 탄생하거나 다양한 종으로 성장한 것을 쉽게 떠올리지 못한다.

　부모가 자신을 빼닮은 자녀의 눈, 코, 입, 귀를 만들어 조립하거나, 신통력을 발휘해 생명체를 만들지 않았다는 것을 보아온 그대로 믿을 뿐이다. 생명체가 당연하게 존재한 것으로 여기니 의식구조에 맞게 원인 관점에서 창조론을 만들거나 결과 관점에서 진화론을 만들 수밖에 없었다. 이렇게 만들어진 창조론이나 진화론을 신앙 차원에서 답습하면서 자신이 믿는 것만 옳다고 주장하고 있다.

　부모의 사랑에 의하여 자녀가 탄생하면 그 자녀는 부모로부터 유전인자를 이어받는다. 자녀에 의하여 종이나 형상이 결정되는 것이 아니라 부모에 의하여 자녀의 종이나 형상이 결정되는 것이다. 자녀가 태어나면 부모를 닮은 모습으로 성장한다. 마찬가지로 최초 출현한 생명체도 하늘 부모님에 의하여 태어나 하늘 부모님을 닮은 모습으로 성장한다. 이는 당연한 것이다.
　인간을 포함한 동식물은 약육강식의 열악한 환경을 극복하고 자율적으로 성장하였다. 성장과정에서 하늘 부모님을 닮은 사랑의 인간으로 성장하지 못하고, 생존경쟁 속에서 형성된 탐욕스러운 심성으로 동물적인 삶을 살아가고 있다.

13 모든 생명체는 부모가 잉태하였다

무지한 나의 부모가 나를 어떻게 만들었을까?

정교한 부품들을 만들어 조립하였을까? 아니다. 부모가 사랑하면 어떻게 만들 것인가 고민하지 않아도 된다. 약 10개월 동안 모태에서 성장한 후에 부모의 다각적인 모습을 빼닮은 자녀가 태어난다.

최초 생명체도 지상의 부모처럼 하늘 부모님의 참사랑에 의하여 탄생한 후 하늘 부모님의 다각적인 모습을 빼닮은 성체로 성장하였다.

14 말의 진화를 주장하는 진화론자

어금니 발가락

진화론자들이 본 말의 진화 과정

진화론자는 6,000만 년 동안 살아왔던 말의 화석을 진화이론에 대입하여 설명하고 있다. 그렇다면 진화과정인지 성장과정인지 밝혀야 한다.

말의 변천 과정을 살펴보자.

위 그림에서 왼쪽 소형 말은 약 6,000만 년 전에 살았던 말이고 오른쪽 대형 말은 현대에 살아가는 말이다. 진화론자는 이 화석들을 예로 들면서 어금니와 발가락이 진화하고 소형 말에서 대형 말로 진화하였다고 주장한다. 그들은 품종의 변이와 종의 진화를 같은 진화로 보므로 배우는 학생은 헷갈릴 수밖에 없다. 성장론은 한번 종이 결정되면 다른 종으로의 진화는 불가능하므로 성체로 성장하는 과정에서 나타나는 현상이라고 본다.

인간의 성장을 관찰해보자. 성장 초기에는 모태에서 거머리와 같이 태반에 붙어 있다. 그 후에는 양서류와 같이 꼬리가 생기고 팔다리가 발생하는 등 수많은 변이를 거친다. 인간 형상을 갖춘 후 태어나 성체로 성장하면 부모의 모습을 닮는 것이다.

모태에서 성장하는 인간의 태아가 올챙이처럼 꼬리가 달린 양서류의 형상이더라도 성장과정에서 나타나는 현상일 뿐이다. 꼬리가 달린 태아의 염색체와 성장이 완료된 성인의 염색체가 같다면 동일한 인간이다.

그런데도 진화론자는 다양한 종의 성장 초기 각 프레임을 보며 바다에서 살아가는 어류나 양서류로 보았다.

진화론자는 각각의 동물이 성체로 성장하는 과정의 각 프레임을 연구한 후 이를 종을 뛰어넘는 진화과정으로 보고 진화론을 주장하고 있다.

진화론자는 환경의 변화로 지표면이 빙하로 덮이거나 혜성의 충돌로 대멸종이나 부분 멸종이 여러 차례 반복된 것에서 힌트를 얻었다. 그들은 대멸종이 있을 때마다 멸종하지 않고 살아남은 어느 종으로부터 새로운 종으로 진화한 것으로 보았다. 따라서 물고기에서 양서류로, 양서류에서 파충류로, 파충류에서 조류와 포유류로 진화하였다는 진화이론이 확립될 수 있었다. 이렇게 확립된 진화론이 공교육을 통하여 인류의 의식 속에 각인되었다.

위에서 언급한 말들의 어금니와 발가락의 변이는 종이 변하는 진화가 아니고 성장과정에서 나타나는 현상으로 보는 것이 합리적이다.

프셰발스키 야생말과 당나귀도 각각 말과 별개로 성장하였다. 그러니 말의 어금니와 발가락의 변이 과정과 당연히 같을 것이다. 그렇다면 성장과정에서 나타나는 현상으로 보아야 옳다.

당나귀와 말은 각각 다르게 성장하였으므로 형상이 비슷하다고 하여 염색체 수가 62개인 당나귀가 자연선택 또는 돌연변이를 통하여 염색체 수가 64개인 말로 진화하였다고 보기는 어렵다. 그렇게 주장하는 과학자가 있다면 그는 사이비 과학자임이 틀림없다.

따라서 성장과정에 있는 약 6,000만 년 전에 살았던 왼쪽 작은 말과 오른쪽의 현대에 살아가는 큰 말이 유전자와 염색체가 같다면 교배가 가능한 동일 종이다.

위 말은 유전자를 조사하지 않은 표본이기 때문에 당나귀 화석을 말의 화석이라고 주장할 수도 있다. 또한 종이 다른 프셰발스키 말의 화석을 말의 화석이라고 주장할 수도 있다. 대형 품종의 말도 있고 피그미 품종의 말도 있으므로 유전자 검사도 하지 않은 화석은 정확한 표본이 아닐 수 있다. 정답을 찾을 수도 없다는 말이다.

위 그림이 말의 화석이라면 교배가 가능한 동일 종이므로 성장하였다는 표현이 옳다. 하지만 대멸종 때 살아남은 파충류에서 포유류인 말로 진화하였다는 주장은 잘못이다.

진화론자는 위 그림을 약 6,000만 년 동안 소형 말에서 대형 말로 진화하는 과정에서 어금니와 발가락만 진화하였다는 것이라고 설명한다. 하지만 큰 틀에서 보면 종의 변화가 없으므로 진화하였다고 볼 수 없다. 성장과정에서 나타나는 변이로 보는 것이 합당하다. 진화론자는 약 6,500만 년 전 대멸종 이후 멸종하지 않고 살아남았던 어느 파충류에서 500만 년 만에 왼쪽 소형 말로 진화하였다고 본다. 위 그림은 교배와 환경의 변화를 통하여 6,000만 년 동안 다른 종으로 진화하지 않았다는 것을 밝힌 것으로 볼 수 있다. 아이러니하게도 위 그림은 한번 결정된 종은 다른 종으로 진화하지 않는다는 성장론을 입증한 것으로 보아야 한다.

금고 다이얼을 돌려 금고가 열릴 확률 정도의 수많은 단계의 진화가 이루어진다면 비행기와 같은 생명체가 출현할 수 있다고 도킨스는 말한다. 종이 결정된 이후 말의 어금니와 발가락만 발달하는 데 약 6,000만 년의 기간이 소요되었다. 그렇다면 어느 파충류에서 소형 말로 진화하려면 훨씬 많은 시간이 소요될 것이다. 생명체가 장기들이 필요하여 하나씩 늘어나려면 수많은 단계와 시행착오를 거쳐야 하기 때문이다. 여기에서 우리는 어금니와 발가락이 발달하는데 소요되었던 6,000만 년의 기간보다 최소한 수천 배의 기간이 소요된다는 계산 결과와 맞닥뜨리게 된다. 그런데 지구의 나이는 약 46억 년에 불과하다. 말은 6,500만 년 전 대멸종 이후 겨우 500만 년 만에 어느 파충류에서 소형 말로 진화한 것이다. 진화론에 대입하여 말의 진화를 설명하는 것은 매우 어색하다.

진화론자의 논리대로 따져본다면 말의 진화 속도와 비교했을 때 약 5억 년 전에 살았던 삼엽충과 투구게와 같이 완벽한 생명체로 진화하기 위해서는 최소한 수억 년의 진화과정이 존재하여야 한다. 삼엽충과 투구게의 진화를 주장할 때는 진화과정을 보여주는 화석을 발굴하는 것이 먼저였다. 하지만 진화론자는 삼엽충과 투구게가 존재하는 게 당연하다는 전제를 깔고 진화론을 주장하고 있다. 약 2억 5,000만 년 전에도 대규모의 화산 폭발로 이산화탄소와 메탄가스의 양이 폭증하여 지상 생명체가 전멸하는 대멸종이 있었다. 대멸종 이후 살아남은 어느 양서류에서 공룡으로 진화할 시간적 여유도 없이 곧바로 공룡이 출현한 것을 진화론자는 당연하다고 생각한다.

진화론이 옳기 위해서는 약 2억 5,000만 년 전 대멸종 이후 지상에서 살았던 어떤 생명체가 진화과정 없이 곧바로 공룡이 출현하였는가를 화석으로 입증했어야 했다.

멸종 이전에 살았던 어느 파충류가 진화하여 포유류로, 포유류에서 인간으로 시행착오 없이 짧은 기간 동안 진화가 척척 이루어졌다. 진화론자는 이렇듯 순조롭게 다양한 생명체들이 출현하였다고 주장하고 있다.

약 2억 5,000만 년 전 출현한 공룡도 진화의 산물이다. 그렇다면 대멸종 이후 멸종하지 않은 어느 종으로부터 오랫동안 진화하였다는 얘기가 된다. 그런 논리라면 반드시 진화 단계의 화석을 제시해야 한다. 하지만 과거와 현재에 발견되는 공룡 화석은 알이나 새끼 또는 성체의 그것뿐이다.

진화론의 논리가 타당해지려면 공룡의 눈이 원래는 하나였는데 자연선택을 통하여 두 개로 진화하였다든가, 없었던 심장이 발생하였다든가, 또는 원래는 한 개의 다리였는데 두 개 또는 네 개의 다리로 진화하였다는 진화 단계의 화석을 발굴해 제시했어야 했다.

지상에서 살아가는 모든 생명체는 성장하였다. 그래서 우리는 삼엽충이나 공룡의 진화 단계 화석을 발견할 수 없는 것이다.

물고기에서 양서류와 파충류로 진화하였다고 주장하려면 진화론자는 그 근거를 제시해야 한다. 2억 5,000만 년 전 출현한 공룡의 진화단계 화석은 하나도 발견하지 못한 상태에서 공룡이 존재하는 것은 당연한 것처럼 은근슬쩍 넘어가서는 안 된다. 또한 천태만상의 종들을 계통 분류하여 진화이론에 대입하고 진화론이 정답이라고 주장해서도 안 된다.

생명체를 구성하는 수많은 장기가 결합하여 처음부터 작동하지 않거나 수많은 장기가 있더라도 같은 기능만 수행한다면 생명체는 존재할 수 없다. 고등 동물로 진화하기 위하여 새로운 장기가 지속적으로 발생하여 기존 장기와 연동한다는 주장은 정상적인 과학자의 사고방식이 아니다.

최초 출현한 생명체를 자동차에 비유해 보자. 엔진이나 배터리, 바퀴와 타이어 등 자동차의 각종 기능을 담당하는 수만 가지 부품이 처음부터 존재하고 작동되어야만 제대로 된 자동차라고 말할 수 있다. 그런데도 진화론자는 자동차 모형만으로도 자동차라는 발상에서 진화론을 펼치고 있다. 또는 엔진이나 다른 부품들이 진화하여 자동차가 되었다고도 말한다. 경차라는 생명체가 새로운 부품이 발생하거나 기존 부품이 고급 부품으로 진화하여 대형차라는 생명체로 진화하였다는 논리이다. 이는 발상 자체에 문제가 있다.

공룡도 현대에 살아가는 동물처럼 처음부터 부모로부터 종과 형상이 결정되었고 공룡이라는 이름으로 살아가는 생명체이다. 세대마다 부모에 의하여 종이 결정되므로 다른 종이 공룡 종으로 진화할 수도 없다. 공룡도 절대적인 사랑으로 후손을 번식하면 그 후손은 모두 부모를 닮게 되고 부모가 자녀를 양육하여 종에 부여된 마인드대로 공룡의 삶을 살아간다.

수정란에는 부모를 닮은 종과 형상으로 성장할 줄기세포가 내포되어 있는 상태에서 세포 분열을 통하여 각종 장기가 발생하고 성체로 성장한다. 다시 말해 줄기세포의 분열 과정에서도, 다양한 장기로 성장하는 과정에서도, 장기가 갖추어진 후에도 유기적으로 작동되어야만 본래 형상의 생명체로 성장할 수 있는 것이다.

단백질처럼 아무런 기능도 없는 무기물이 유기물로, 아무런 장기도 없는 유기물 덩어리가 생명체로 진화하였다는 것이 바로 진화론자의 주장이다. 뭉게구름이 우연히도 조류의 형상이 되면 그 구름이 새가 되어 하늘을 날아다닌다는, 그야말로 뜬구름잡기식 주장이 아닐 수 없다.

위 그림이 모두 말의 화석이라면 종의 분화가 끝난 후 성체가 되는 과정에서 나타나는 현상으로 보아야 한다.

지상에 존재하는 다양한 종의 성장 초기로 거슬러 올라가면 모두 곡옥과 같은 형상으로 물속에서 살았던 흔적이 발견된다. 처음에는 꼬리가 달린 어류의 형상으로 살아가는데 이는 성체가 되는 과정이다. 그런데도 이를 진화론자는 어류로 단정하였다. 이렇게 다양한 동물 종의 성장 초기 모습은 모두 곡옥과 비슷하다. 하지만 각각 다른 종이므로 염색체나 유전자를 확인하지 않고 물고기나 양서류로 본다면 과학적인 사고에서 멀어진다. 이제는 진화론이 옳은지 성장론이 옳은지 사실관계를 밝혀 학생을 올바르게 계도하여야 한다.

15 핀치새 연구와 완두콩 연구의 진실

다윈은 갈라파고스 제도에서 잡은 여러 형상의 핀치새가 같은 종이라는 관점에서 부리를 연구하여 '종의 기원'을 발표하였다. 이후 다윈을 추종하는 맹신자가 진화이론을 체계화하였고 진화론을 믿는 정치인은 약육강식의 논리로 세상을 지배하게 되었다.

다윈이 1859년에 '종의 기원'을 발표한 직후 천주교 신부 멘델이 7년간 완두콩의 유전을 연구해 1865년에 유전법칙을 발표하였다. 교배를 통하여 다른 종으로 진화하는 것이 아니라 부와 모의 유전형질을 어떠한 규칙으로 후손에게 물려준다는 것이다.

완두콩의 유전 연구는 발표 당시 그리 조명을 받지 못하였다. 그러다 20세기 들어 후대 과학자들의 검증을 통해 올바른 연구임이 밝혀졌다. 이것이 소위 멘델의 유전법칙이다.

멘델의 유전법칙은 침팬지 종이 인간의 종으로 진화하는 것이 아니라, 침팬지 종은 부와 모의 조금씩 다른 유전 형질을 어떠한 규칙으로 이어받아 지속적으로 침팬지 종으로 태어난다는 것이다.

다윈이 멘델의 유전법칙을 사전에 알았더라면 보디빌딩을 통하여 후천적으로 발달된 근육을 가진 사람이 자녀를 낳으면 근육질의 자녀가 태어난다는 형태의 용불용설에 따라 작성된 '종의 기원'을 발표하지 못했을 것이다.

16 핀치새 연구는 과학을 빙자한 허구

갈라파고스의 핀치새가 먹이의 크기에 따라 부리가 다르게 진화하였다는 것은 용불용설에 가까운 주장이다. 이 주장이 설득력이 있으려면 몇백만 년 전 갈라파고스의 화산섬들이 출현한 이후 날아온 핀치새들을 섞이지 않게 격리시켜 놓고, 각기 다른 먹이를 먹도록 관리한 결과물이어야 했다. 그러한 결과물이라야 우리는 다윈의 주장을 믿을 수 있다.

다윈은 갈라파고스제도의 화산섬이 출현한 이후 수백만 년 동안 핀치새들이 아메리카 대륙에서 지속적으로 날아온 사실을 배제하였다. 그는 5년 동안 핀치새를 채집한 후 영국으로 가져와 염색체와 DNA와 같은 과학적인 관찰을 배제한 채 자신이 만든 진화론의 틀에 대입하여 후천적 획득형질에 의하여 부리가 다른 종이나 품종으로 끊임없이 진화한다는 용불용설적 '종의 기원'을 발표하였다.

다윈이 발표한 핀치새 연구가 어떤 문제점이 있는지 살펴보자.

첫째, 핀치새라는 표본 자체가 잘못되었다.

모세는 어느 종이든 선대로 계속 거슬러 올라가면 각각 한 쌍의 조상이 존재한다고 생각하고 최초의 생명체를 신이 만들었다는 관점에서 창조론을 주장했다.

모세는 최초에 한 쌍의 인간 조상을 여호와 신이 창조한 것으로 가정하였고 최초의 한 쌍을 아담과 하와로 명명하였다. 또한 모세는 그

한 쌍을 창조할 당시 창조주와 그들 사이에 오간 이야기를 현장 중계하듯 구약성경에 기록해 놓았다. 이렇게 만들어진 창조론을 믿는 자에게 아담, 하와가 인류의 조상이라는 증거를 내놓으라 하면 성경을 제시한다. 성경은 하나님의 계시에 의한 기록이므로 아담, 하와는 최초에 창조된 실존 인물이라는 것이다.

진화론자도 진화의 증거를 내놓으라 하면 '종의 기원'을 제시한다. 갈라파고스에서 살아가는 핀치새의 조상을 거슬러 올라가면 아메리카 대륙에서 살았던 한 쌍의 핀치새가 그곳으로 날아가 번식하였다고 '종의 기원'은 기록하고 있다. 어느 핀치새는 대대로 큰 먹이만 골라 먹어 큰 부리로 진화하였다. 먹이가 다른 섬들에 날아가 여러 형태의 부리로 진화하거나 아예 다른 종으로 진화하였다. 진화론의 설명은 이런 것이다. 진화론을 믿게 된 과정은 창조론을 믿는 과정과 매우 흡사하다.

갈라파고스제도가 핀치새의 원산지라면 다윈의 주장에도 일리가 있다. 아메리카 대륙에서 같은 시기에 암수가 각각 한 마리 이상 갈라파고스 제도까지 날아갈 수 있는 거리라면 그 이후에도 지속적으로 날아가 번식하였을 것이다. 그러함에도 한 쌍만 갈라파고스 제도에 날아가서 모든 핀치새로 번식하였다는 관점에서 쓴 '종의 기원'은 여호와가 한 쌍씩 창조하였다는 창조론과 맞먹는 사이비 이론이다.

아메리카 대륙에서 갈라파고스 제도까지 날아다닐 수 있는 핀치새라면 지속적으로 유입되었을 것이다. 또한 갈라파고스 제도의 섬들은 거리가 가까워 자유로이 날아다녔을 것이다. 같은 환경에서도 여러 형태의 품종이 생겨나듯이 핀치새가 교배하여 후손을 번식하는 과정에서 여러 품종이 생겨 섬마다 섞여 살았을 것이다. 그런데도 한 쌍의 핀치새만 각각의 섬에 날아갔고 섬마다 먹이가 다르게 분포한다고 전제한다. 그러고선 처음에는 모두 작은 부리였는데 어떤 핀치새는 대대로 큰 먹이만을 고집스럽게 지속적으로 골라 먹다 보니 부리가 커져 큰 열매를 먹기에 적합한 구조로 진화하였다. 이것이 다윈의 엉터리 주장이다. 그 주장이 옳더라도 멘델의 유전법칙에 비추어볼 때 용불용설이나 자연선택과 같은 후천적 획득형질을 통해서는 종 자체 내에서는 품종의 변이만 있을 뿐이다. 이들은 품종의 변이를 이용하여 종의 진화를 주장하고 있다.

갈라파고스 제도의 섬들은 환경이 비슷하므로 새들의 먹이가 비슷하게 분포되어 있다. 다만 부리 모양이 다른 품종의 핀치새가 육지에서 날아와 먹기에 편리한 열매를 먹었을 뿐이다. 하지만 진화론자는 먹이에 따라 핀치새의 부리가 다르게 진화하였다며 폐기된 용불용설을 주장하고 있다.

둘째, 진화론의 핵심은 자연선택, 즉 후천적 획득형질에 의하여 다양한 종으로 진화한다는 것이다. 그러나 종과 품종은 세대마다 부모가 결정하므로 격리하거나 환경에 적응하는 과정에서 염색체가 달라지지 않는다. 그것은 멘델의 유전법칙에 위배된다. 갈라파고스 제도는 큰 틀에서 보면 좁은 지역이고, 섬마다 비슷한 먹이들이 분포된

화산섬들이다. 갈라파고스제도는 좁은 지역이라 새들이 자유롭게 오
갈 수 있다. 그렇다면 넓은 육지에 비하여 종이나 품종의 변이가 적
다고 주장해야 오히려 진화이론과 부합한다. 그럼에도 핀치새가 크
고 작은 먹이를 수많은 세대에 걸쳐 골라 먹고 다양한 부리로 진화했
다고 주장한다. '종의 기원'은 과학과 일치하는 부분이 하나도 없다.

갈라파고스 제도는 핀치새들뿐만 아니라 동식물의 생육환경을 잘
보존하고 있어 약 150년 전의 환경과 크게 다르지 않다. 과학자가 다
윈의 주장을 다시 연구한다면 어느 주장이 옳은지 알 수 있을 것이
다.

17 진화를 통해서는 새들이 날 수 없다

새들은 여러 가지 조건이 맞아야 날 수 있다.

하늘을 날 수 있는 적합한 신체구조를 가져야 하고, 공기저항을 일
으킬 수 있도록 날개에 깃털이 촘촘해야 한다. 빠르게 날갯짓을 할
수 있도록 근육도 발달해야 하고 날 수 있는 마인드 역시 갖추어야
한다.

또한 몸무게와 날개의 크기가 비례하여야 한다.

이렇게 여러 조건을 완벽하게 갖추었을 때만 날 수 있다. 따라서 진
화를 통해서는 새들이 날 수 없다는 결론에 이른다.

예를 들어, 세상에서 가장 팔 힘이 센 인간의 팔에 날 수 있는 크기

의 날개를 달아준다면 하늘을 날 수 있을까? 인간은 공기의 저항을 일으키며 무거운 몸무게를 띄우기 위하여 파닥거릴 수 있는 근육이 발달하지 않았기 때문에 자력으로는 하늘을 날 수 없다.

게다가 진화론의 논리라면 날기를 마음속으로 희망하면 날개가 돋아나야 한다. 진화이론을 발표한 이후 진화론자 중에는 하늘을 나는 새들을 바라보면서 신앙 차원에서 팔이 날개가 되어 날아다니기를 염원하는 사람이 많았을 것이다. 그런데도 하늘을 날기는커녕 아직까지 깃털이 돋아나는 징후조차 보이지 않는다. 이를 통해 인간은 태생 자체가 날 수 없는 존재임을 알 수 있다.

좁은 지구촌에서 진화하였다면 모두 같은 형태의 날개로만 진화하여야 진화이론과 부합할 것이다. 그러나 깃털로 되어 있는 조류의 날개, 곤충의 날개, 박쥐와 같이 피부로 된 날개, 하늘다람쥐의 날개와 같이 날개의 형태는 다양하다. 이를 진화이론에 대입하는 것은 무척 어색하다. 진화론자는 결과적인 현상만 본다. 애벌레와 생쥐가 날기를 희망하면 피부나 앞발이 날개가 되어 결국 곤충이나 박쥐로 진화한다고 생각하는 것이다.

창조과학을 들먹이며 창조론을 합리화시키듯이, 진화론자 역시 진화론을 과학으로 포장하여 합리화하고 있다.

박쥐는 동굴 천장이나 나무에 매달려야만 살 수 있는 신체구조를 가지고 있다. 진화론의 관점에서 보았을 때 엉성한 신체구조로 땅바닥에서 기어 다니다가 날개가 생길 때까지 오랜 진화 과정을 거쳐야 한다면 힘도 세고 동작이 빠른 수많은 강자와의 생존경쟁에서 밀려 멸종하였을 것이다.

곤충, 조류, 박쥐는 각각 다른 형태의 날개로 날아다닌다. 날 수는 없지만 하강할 때 비행하는 날다람쥐, 활공하는 날뱀, 물 위를 나는 날치도 있다. 다양한 종한테서 다양한 비행 형태를 찾아볼 수 있다. 더더욱 날아다니기를 엄두도 내기 힘든 식물의 씨앗도 다양한 날개를 달아 날아다니고 있다. 이러한 현상들은 진화론으로 설명하기 어렵다.

다만 진화론자는 천태만상의 동식물을 관찰하며 진화론의 틀에 꿰맞추려 할 뿐이다. 열대지방이나 한대지방에서 같은 종들끼리만 살아간다면 진화론이 어느 정도 설득력이 있다. 하지만 기후와 환경이 전혀 다른 열대와 온대, 한대지방에서 다양한 종이 각각 혼재되어 살아가고 있다. 이러한 현상을 놓고 보았을 때 기후와 환경의 변화를 통해서는 종의 진화가 없다고 보는 것이 옳다.

창조론에 세뇌된 종교인처럼 진화론자도 진화론에 세뇌되어 있다. 진화론자가 더 이상 변명할 수 없을 때는 '종의 기원'에 대한 해석을 달리하며 끝까지 진화론을 강변할 것이다.

최초 출현한 생명체로부터 발생한 동물과 식물이라면 같은 뿌리에서 나왔으므로 당연히 분화의 원리가 같아야 한다.

그렇다면 식물을 관찰함으로써 동물의 분화도 알 수 있다.

식물은 동물처럼 돌아다닐 수도 없으므로 같은 환경에서는 같은 종의 식물만 살아가고 있다고 해야 진화론에 부합한다. 그들은 같은 지역에서 다양한 종의 식물이 존재하는 이유에 대하여 설득력 있게 설명하지 못한다.

다양한 종은 본래 정해진 성체로 각각 성장하였다. 그러므로 당연히 곤충과 조류, 또는 박쥐는 성장과정에서 어느 시기가 되면 날개가 생겨 날아다녔다. 따라서 기어 다니다가 날아다니기까지의 과정적인 화석은 존재할 수 없다.

모세는 6,000년 전 6일 동안에 우주와 생명체를 창조하였다는 창조론을 성경에 적어 놓았다. 창조론자는 수억 년에 걸쳐서 형성된 수많은 지층의 화석도 노아 홍수 심판 기간 수십 일 동안에 형성되었다고 주장한다. 기가 막힐 노릇이다. 그들은 이렇게 만들어진 창조론을 바탕으로 우주와 생명체의 출현이 불과 6,000년밖에 안 되었다고 주장하고 있다.

진화 과학자는 공룡이 살았던 시기에는 파충류만 살았다고 단정하고 대멸종 이후 멸종하지 않은 어느 파충류 종에서 조류와 포유류로 진화하였다고 주장한다. 공룡이 살았던 시기에 포유류 화석이 발굴된다면 진화론과 상반되는 사실일 테니 성장론이 정답이다. 그들은 이를 인정하기는커녕 이유를 늘어놓고 파충류에서 조류와 포유류로 진화하였다는 기존 주장을 반복하고 있다. 세뇌된 상태이기 때문이다.

18 고래에 대한 진화론자의 변명

바다에서 지느러미로 헤엄치며 살아가는 포유동물이 있다. 어류로 봐야 하는지 육상의 포유류로 봐야 하는지 분간하기 어려운 이 동물은 바로 고래이다.

아가미 호흡하거나 변온동물인 어류와 달리, 고래는 공기 호흡하는 항온동물이다. 고래는 포유류가 살아가기에 열악한 환경인 바다에서 살아가고 있다.

고래는 공기를 호흡하고 바닷물을 섭취하여도 체내에서 염분을 걸러내므로 바다에서도 죽지 않고 살아갈 수 있다.

고래는 물속에서 새끼를 낳고 젖을 먹여 기르며, 갓 태어난 새끼가 공기 호흡하면서 잠을 잔다. 그런데도 어떻게 익사하지 않고 살아갈수 있을까.

고래는 물고기로 살아가다가 육상에 진출하여 육상 생활에 맞게 지느러미가 팔다리로, 변온동물에서 온혈동물로, 아가미 호흡에서 공기 호흡을 하게 되었다. 그렇게 육지로 진출한 고래는 네발로 기어다니는 포유동물로 진화하였다.

그러다 다시 바다로 진출하여 물속에서 살아가기 편리하게 다리와 꼬리가 지느러미로 역진화하여 헤엄치며 살아가게 되었다. 하지만 이는 진화론의 시나리오에 불과하다.

진화론자는 환경에 적합하게 진화하였다고 주장하면서도 호흡기 계통과 같은 핵심 내용은 덮어두고, 외부로 드러난 꼬리지느러미를 관찰하면서 환경에 적합하게 진화하였다고 옹색한 변명만 늘어놓고 있다.

본서와 같이 창조론과 진화론의 문제점을 지적하는 정도로는 '쇠귀에 경 읽기'이다. 세뇌된 창조론자와 진화론자를 설득하는 것은 불가능에 가깝다. 확증편향이 매우 강하기 때문이다.

진화론자는 그동안 생육환경이 조금만 바뀌어도 멸종한다는 주장을 펴왔다. 육상에서 네발로 기어 다니며 공기 호흡구조로 육상에서 살아가던 고래는 뒤바뀐 물속 환경에서 멸종하기는커녕 더 잘 살아가고 있다. 이는 진화론과 정반대의 현상이다. 이로써 우리는 진화론에 심각한 문제점이 있다는 것을 알 수 있다.

진화론자는 권모술수에 매우 능하다. 변명이 궁색해지면 육지에 진출하지 않고도 바다에서 아가미 호흡 구조에서 폐호흡 구조로, 다리가 지느러미로 서서히 진화했다고 말을 바꾸면서 진화론을 강변할 게 뻔하다.

진화론자는 고래의 겉모습을 관찰하며 바다에서 살아가기 쉽게 꼬리와 앞다리가 지느러미로 진화하거나 뒷다리는 쓸모가 없어져 퇴화하였다는 주장만을 되풀이하고 있다. 설명이 곤란한 범고래의 매끈하게 생긴 등지느러미에 대해서는 어느 장기가 등지느러미로 진화하였는지 언급조차 하지 않는다.

고래가 육지에 진출하여 기어 다니다가 다시 바다에 진출하여 헤엄치며 살아간다고 진화론자는 주장한다. 여기 이 주장을 증명할 수 있는 간단한 방법이 있다.

깊은 물 속에 들어가는 것은 익사할 우려가 있으므로 권하지는 않겠다. 하지만 진화론을 교육하는 교수는 학생들을 얕은 개울가로 데려가 몇 시간 동안만이라도 개울에서 헤엄치면서 맨손으로 야생 물고기를 잡는 현장 학습 체험을 하게 할 필요가 있다. 그러한 교수는 고래가 육지에서 살아가다가 물속에서 물고기를 잡아먹고 살아가도록 다리가 지느러미로 역진화하였다고 인류를 기망하여도 그의 용기가 가상하여 잘못이 있더라도 용서할 것이다. 하지만 물속에 들어가 피라미를 잡으려는 시도조차 하지 않는 교수가 육지에 살던 고래가 다리가 지느러미로 역진화하여 물속에서 헤엄치며 물고기를 잡아먹고 살아간다고 가르친다고 가정해보자. 그 교수는 학생에게 약육강식 의식을 주입시키기 위해 고의적으로 그렇게 가르친다고 봐야 한다. 그런 진화론자는 즉시 퇴출되어야 독재사회를 바로잡을 수 있다.

진화론에 경도된 자는 아무리 터무니없는 내용일지라도 진화론적으로 해석한다. 진화론을 진리의 가치관으로 받아들인 것이다.

창조론에 경도된 자도 마찬가지이다. 창조론에 과학적이지 않은 것이 있더라도 이론을 늘 업그레이드하기 때문에 결국 진리로 귀결될 수밖에 없다. 과학은 끊임없이 검증하여 진리를 찾는 학문이다. 창조론을 창조과학으로 포장해 놓았더라도 과학적이지 않은 요소가 있다는 것을 알았다면 그것을 버려야 한다. 맹목적으로 믿는 행위는 사이비 신앙 행위일 뿐이다. 진화론도 마찬가지다. 과학적이지 않다면 배척해야 마땅하다.

　지상사회가 왜곡될 수밖에 없었던 이유는 인간은 누구든지 옳고 그름을 떠나 자기합리화 성향이 강하기 때문이다. 그래서 사이비 종교 이론이나 각종 사상도 그것을 믿는 맹신자에 의하여 합리화 과정을 거친다. 그래서 후대 사람은 그것을 진리로 믿는 경향이 강하다.

　예를 들면 어느 누가 사이비 종교 이론이나 사이비 사상을 만들어 퍼뜨린다고 해보자. 맹신자 중에는 늘 머리가 좋은 사람이 있게 마련이다. 그 맹신자는 자신이 믿는 내용을 합리화시킨다. 시간이 흐를수록 점점 더 많은 맹신자들이 개입하여 이론이 다듬어지므로 어떠한 사이비 종교 교리도 진리로 그럴싸하게 포장된다.

　창조론과 진화론도 그렇게 만들어졌다.

　고래가 처음부터 물속에서만 살아온 사실을 입증하면 어떨까. 그것이 입증되면 사람들은 성장론에 주목할 것이다. 왜냐하면 포유동물이 육상과는 정반대 환경인 물속에서 체온을 유지하고, 갓 태어난 새끼에게 젖을 먹여 양육하고 공기 호흡하며 살아간다는 것은 진화론과 상반되기 때문이다.

19 진화론자가 주장하는 날개의 발생원인

진화론자는 곤충이나 조류의 날개가 발생한 원인에 대하여 이렇게 설명한다. 나무에 올라가다가 떨어지다 보면 죽거나 다친다. 그 과정에서 생명체는 날개가 돋아나기를 염원하게 되었고 그에 따라 날개가 돋아났다. 그 후 결국 날개가 자라게 되었다. 날개와 깃털이 더 이상 자라야 할 필요성을 못 느끼게 되면서 계속 자라던 날개가 성장을 멈추었고 적당한 크기의 날개로 하늘을 날아다니게 되었다고 주장한다.

그렇다면 인간도 나무에 올라가다가 계속 떨어지다 보면 날개의 필요성을 느끼게 되고 팔이 날개로 변하면서 깃털이 자라나게 된다. 그러다 결국 인간도 언젠가는 하늘을 날아다닐 수 있게 된다는 논리이다. 이러한 사례는 인간이 관측 가능한 수천 년 동안 한 건도 발생하지 않았다.

진화론자도 처음부터 날아다닐 수 있는 신체구조를 갖추어야만 날아다닐 수 있다는 사실을 알 것이다. 그런데도 초식동물은 육식동물에게 잡아먹히지 않기 위하여 발가락이 발굽으로 진화하였다고 주장한다. 후천적으로 눈이 필요하면 눈이 생기고, 코가 필요하면 코가 생긴다. 심장이 필요하면 심장이 생긴다. 이런 식의 주장은 인류를 기망하는 것이다.

올바른 의식을 가진 진화론자라면 창조론자를 일방적으로 비난만

해서는 안 된다. 창조론을 과학으로 검증하여 영적 세계와 같은 원인적인 부분을 밝혀 지상 사회를 바로잡았어야 한다. 과학자가 성장과정에 있는 심신이 미약한 학생에게 과학적이지 않은 진화론을 주입하는 행위는 약육강식의 사회를 정당화하는 행위이다. 즉 고의적으로 우리 사회를 안 좋은 쪽으로 나아가게 만든다는 말이다.

20 책임을 전가하는 진화론자

다윈이나 도킨스가 진화론을 주장하려면 그들이 최초 출현한 생명체가 자연 발생하였다는 것을 과학적으로 입증해야 한다. 그러고 나서 진화론을 주장해야 옳다. 하지만 그들은 최초 생명체의 발생원인에 대해서는 자신의 연구 분야가 아니라 모른다는 것이다. 아마도 단백질과 같은 물질 덩어리에 화학작용에 의하여 최초 생명체가 발생하였을 것이라면서 엉뚱하게도 화학분야 전문가가 생명체의 발생원인을 밝혀야 한다고 입증 책임을 떠넘긴다. 최초 생명체가 출현하게 된 원인을 밝히지 못하면 정답을 찾을 수 없다. 진화론자는 성장과정을 진화과정으로 여겨 과학적이지 않은 연구 논문을 상황에 맞게 제시하며 진화론이 옳다고 주장하고 있다.

21 과학을 배척하는 진화론자

멘델의 유전법칙은 교배를 통하여 후손을 번식하면 아버지와 어머

니의 유전형질이 후손에게 규칙적으로 나타난다는 이론이다. 교배에 의해서는 종 자체 내의 변이만 발생하므로 멘델의 유전법칙을 진화론에 적용하면 안 된다. 멘델의 유전법칙은 곧 품종 변이의 법칙이기 때문이다.

그럼에도 진화론자는 천태만상의 생명체를 형태학적으로 나누고 교배나 후천적 획득형질에 의하여 종이 진화한다는 주장을 멈추지 않고 있다.

유인원이라면 모두 같은 아프리카 지역에서 발견되어야 옳다. 하지만 오랑우탄은 같은 유인원임에도 교류가 불가능한 인도네시아의 보르네오와 수마트라 섬에서만 서식한다.

침팬지와 오랑우탄이 다른 지역에서 출현하였다면 별개로 성장하였다는 사실을 반증하는 사례일 것이다.

부모에 의하여 종과 형상이 결정된다. 교배에 의해서는 다른 종으로 진화하지 않는다. 또는 후천적 획득형질에 의해서는 품종의 변이만 있을 뿐 다른 종으로 진화하지 않는다. 이를 아무리 가르쳐주어도 진화론자가 받아들이지 않는 것이 문제이다.

진화론자의 주장은 크게 두 가지이다. 하나는 교배를 통하여 후손을 퍼뜨리는 과정에서 돌연변이로 끊임없이 새로운 종으로 진화한다는 것이다. 다른 하나는 살다가 어느 날 홀연히 다른 종으로 진화한다는 것이다. 진화론자는 두 가지 주장 중 어느 하나를 상황에 맞게 둘러대고 있을 뿐이다.

　교배를 통해 종이 진화하지 않는 것은 인간이 수천 년 동안 관찰한 결과물이므로 이미 검증이 끝났다. 어느 날 갑자기 염색체와 유전자가 다른 새로운 종으로 진화하는 일은 있을 수 없다. 그런데도 진화론자는 그동안 축적한 수많은 진화 가설을 들먹이며 진화론을 강변하고 있다.

　과학을 인정하고 받아들어야 진화론에 대한 교육이 가능하다. 하지만 그들은 이미 맹종차원으로 세뇌된 상태라 일반적인 교육으로는 바로잡을 수 없다.

　창조론은 종교적 차원에서 사람들의 머릿속에 각인되어 있으므로 과학으로 검증하여 사이비임을 밝혀도 퇴출하기 어렵다. 진화론에 세뇌되어 있는 자도 마찬가지이다. 성장론을 과학으로 검증하여 진리임이 밝혀졌더라도 창조론자와 진화론자를 설득하는 것은 '쇠귀에 경 읽기'와 같다. 신앙차원으로 가르쳐야 성장론을 납득시킬 수 있고 민주사회로 나아갈 수 있다. 그러므로 성장론을 교육할 종교가 필요하다. 최소한 창조론과 진화론, 성장론을 객관적 관점에서 가르칠 수 있는 공교육이 이루어진다면 결국 성장론으로 바로잡힐 수 있을 것이다.

　성경에 나오는 이야기는 꾸며낸 것이 대부분이다. 이 부분을 지적하면 기독교 신자는 또 다른 성경 구절을 들이댄다. 빵 다섯 개와 물고기 두 마리를 이용하여 창조의 이적을 행하여 따르는 군중 5,000명을 배부르게 먹이고도 남았다는 소위 오병이어의 기적이 기록된 성경 구절 말이다. 그들은 창조론의 문제점을 지적하는 우리를 심판할 것이다. 그들은 보수적인 색채가 짙은 신앙 탓에 대체로 민주적인 성향의 정치인을 지지하지 않는다. 자신과 코드가 맞는 기득권자를 대변하는 보수 독재정권을 지지한다. 선량하게 살아가는 국민이더라도 불신자는 심판해야할 악의 본체로 생각하고 있다.

진화론자도 과학으로 포장된 진화론이 옳다며 창조론자를 비난한다. 그들은 적자생존을 통한 진화를 들먹이며 기득권자 중심의 보수 독재사회가 정상적인 사회라고 인식한다. 그래서 대체로 약자를 짓밟는 보수정권을 지지하는 성향은 창조론자와 하등 다르지 않다.

22 사이비 가치관이 정착하게 된 과정

창조론과 진화론에는 과학적이지 않은 요소들이 다수 내재되어 있다. 과학적이지 않은 내용이 담겨 있다면 그것은 사이비 이론이다. 이러한 사이비 이론을 신앙교육이나 학교교육을 통하여 세뇌했기에 지금까지 우리는 그 내용을 액면 그대로 믿을 수밖에 없었다. 그렇게 우리는 세뇌에 의한 믿음을 바탕으로 신념을 갖게 되었다.

유대교에서 천주교로, 천주교에서 개신교로 이어지는 과정에서 창조론에 세뇌된 맹신자가 창조론을 창조과학으로 포장해 그것이 옳다고 인류를 향하여 부르짖고 있다.

사이비 종교의 터무니없는 교리일지라도 일단 세뇌시켜 놓으면 신자는 믿고 따르게 된다. 한번 뿌리 내린 사이비 종교는 좀비가 된 신자들에 의해 교리가 정교하게 정비된다. 또한 그 좀비 신자들은 인의 장막을 만들어 사이비 교주를 철저하게 보호한다. 이 지경에 이르면 사이비 종교를 퇴출하는 일은 더욱 요원해진다. 진화론도 마찬가지이다. 공교육을 통하여 진화론을 학생들의 머릿속에 각인시키면 맹신자가 지속적으로 생기게 된다. 그러면 점점 원시 과학자가 만든 이론이 업그레이드된다. 시간이 흐르면서 인류의 의식 속에 진화론이 올바른 가치관으로 인식하게 되므로 사이비라 하더라도 진리로 귀결되어 퇴출시킬 수도 없다.

가톨릭과 같은 기회주의 종교는 창조론을 신봉하던 신자가 진화론을 믿게 되면서 종교를 떠나자, 사실상 창조론을 내팽개쳤다. 최초 생명체가 자연 발생하여 진화하였다는 무신론적 성향의 진화론을 수용하면서 진화도 창조의 결과물이라며 진화적 창조를 운운하며 신자들을 우롱하고 있다. 그런데도 현재까지 세계적인 종교로서의 위상을 멀쩡히 지켜내고 있다. 이들은 세뇌를 통하여 좀비가 된 신자에게 상황에 따라 말을 바꾸며 수천 년 동안 대처해왔기 때문에 일단 사이비 종교의 신자가 되면 그곳에서 벗어나거나 그것을 배척하지 못한다.

23 창조론과 잉태론 비교표

구분	내용	창조론		잉태론(성장론)	
1	하나님의 존재	남성이시다.	×	부모님이시다.	○
2	지상의 생명체들이 존재하게 된 원인	여호와, 예수, 알라 하나님이 창조하였다.	×	하늘 부모님에 의하여 태어났다.	○
3	최초 생명체의 출현은?	여호와가 수많은 종을 각각 창조하였다.	×	하늘 부모님에 의하여 탄생하여 각각의 종으로 성장하였다.	○
4	하나님의 성격	주인이시므로 심판의 하나님이다.	×	부모이시므로 사랑의 하나님이다.	○
5	하나님과 인간과의 관계	하나님이 창조하였으므로 주종 간의 관계이다.	×	하늘 부모님에 의하여 탄생하였으므로 부모 자녀 간의관계이다.	○
6	생명체들의 출현	하나님이 다양한 종을 구상하여 각각 성체로 창조하였다.	×	하늘 부모님을 닮은 모습으로 태어나 각각 성장하였다.	○
7	성장기간	각각 성체로 창조하였으므로 성장기간은 없다.	×	탄생되어 성체로 성장하였으므로 성장기간이 존재한다.	○
8	동식물의 형상	동식물을 작품과 같이 창조하였다.	×	하늘 부모님을 닮은 모습으로 태어나 각각 성장하였다.	○
9	전체 맥락	비과학적이고 일관성이 없다.	×	과학적이고 일관성이 있다.	○

24 불가지론을 주장하는 이유

인간의 경험을 넘어서는 것 이상은 아무것도 알 수 없다고 주장하는 자가 있다. 바로 불가지론자이다. 이들 역시 권모술수에 능한 기회주의자이다.

영적 세계와 신이 존재한다는 주장과 존재하지 않는다는 두 가지 주장 중 하나가 정답이다. 그런데도 불가지론자는 형식상 유신론과 무신론의 중간 형태를 취하고 있다. 하지만 이는 현대사회에서 주류를 형성하는 창조론자와 진화론자의 비난을 회피하기 위한 수단이자 무신론자가 기득권을 유지하기 위한 정치적 표현이다.

25 우주와 생명체의 진화

신이 지적 설계를 통하여 우주와 생명체를 창조하였다면 지적 설계를 한 신은 누가 창조했느냐고 진화론자는 묻는다. 그들은 지적 설계가 결정적인 논리적 모순을 지니고 있으므로 창조론은 사이비 이론이라고 말한다.

미생물이 자연 발생하여 수많은 단계의 진화를 거쳐 고도의 두뇌를 가진 지적인 인간이 출현하였다고 그들은 주장한다. 자신은 그렇게 주장하면서 영적 세계에서 신이 자연 발생한 후 자연선택에 의하여 지적인 신으로 진화하여 우주와 생명체를 만든 것에 대해서는 인정하지 않는다. 내로남불의 함정에 빠져 있는 것이다. 그들은 모션디텍터라는 심령과학 장비에 찍힌 영인을 두 눈으로 빤히 바라보면서도 영인의 존재를 부정한다. 자기 주장만을 고집하는 진화론자를 어떻게 설득할 수 있겠는가.

지상에 존재하는 다양한 생명체는 유전자와 DNA, 염색체로 구성되어 있다. 여기에 어느 한 곳이 잘못되어도 장애를 갖고 태어난다.

동식물은 수정란이나 씨앗에 처음부터 내재된 형상에 따라 줄기세포가 성장하는 과정에서 이것이 발현하여 성체가 된다. 마찬가지로 최초 출현한 생명체 내에도 다양한 종으로 성장할 줄기세포가 내재되어 있었다.

진화론에는 적자생존과 약육강식의 독재의식이 내포되어 있다. 그러므로 평화를 염원하는 진화론자라면 설령 진화론이 옳더라도 적극적으로 가르쳐서는 안 된다. 하지만 현재 그들은 사이비 요건을 골고루 갖춘 진화론임을 알면서도 적극적으로 가르치고 있다.

기체나 전파와 같이 인간의 눈으로 볼 수도 없는 3차원적인 물질에 대해서 진화론자는 현대 과학을 통하여 인정하고 있다. 하지만 4차원적 영적 세계와 영인의 존재에 대해서는 무수한 사례가 있음에도 자신이 볼 수 없다는 이유로 극구 부정하고 있다. 영적 세계와 영인의 존재를 인정하는 즉시 진화론이 사이비 이론으로 전락하기 때문일 것이다.

데카르트가 "나는 생각한다, 고로 존재한다."라고 원인적인 존재를 인정하는 것과는 정반대로 진화론자는 육신의 입에서 나오는 언행만을 인정할 뿐 '생각한다'라는 영인의 두뇌에서 나오는 언행은 부정하고 있다.

생명체는 작은 것에서 큰 것으로, 단순한 기능에서 복잡한 기능으로 수많은 단계를 거치면서 다른 종으로 진화한다. 이것이 진화론의 논리이다. 그렇다면 우주 진화론자도 우주에서 먼지와 같은 물질이 자연 발생한 후 자연선택에 의하여 작은 물질에서 큰 물질로, 단순한 물질에서 복잡한 물질로 수많은 단계의 진화를 거쳐 수많은 은하계와 행성이 발생하여 스스로 자전과 공전한다고 주장해야 한다. 그래야 일관성 있는 이론일 것이다.

우주 진화론자와 생명체 진화론자는 같은 무신론자이기 때문에 인과법칙을 무시한다. 그들은 원시 과학자가 만든 이론을 계승 발전시키면서 원인 없이도 결과가 존재한다고 둘러대는 사이비 과학자로 전락하였다.

약 150억 년 이전에는 우주도 없었고 자연도 없었다. 후천적 획득형질인 자연선택을 통한 진화를 주장하는 자체가 어불성설이다.

우주와 생명체들이 불가분의 관계로 얽혀 있다면 각각 다른 방식의 진화론을 적용하는 것은 일관성이 없다.

26 점을 치는 진화론자

리처드 도킨스는 마치 길바닥에 판을 깔아 놓고 점을 치는 소위 '족집게 도사'처럼 생명체 출현에 대한 원인을 모른다면서 최초 생명체가 자연 발생하였다고 주장한다. 그러면서 우주에는 지구와 비슷한 행성이 수천억 개가 존재하고 확률적으로 10억 개 행성 중 한 개의 행성에서 생명체가 자연 발생한다고 주장하고 있다. 참으로 어이없는 일이다.

리처드 도킨스는 원인도 모른 채 최초 생명체가 자연 발생하였다는 진화론을 선동하고 있다. 그는 과학자라기보다 진화교를 맹신하는 일종의 사이비 종교인이다. 심각한 문제점을 지닌 진화론을 바로잡기는커녕 옳다고 우기며 인류를 기망하고 있는 것이다.

진화론이 과학적이지 않은 이론이라면 과학자로서 바로잡아야 할 책임이 있다. 그러한 과학자가 오히려 진화론을 전파하여 인류가 투쟁하며 살아갈 수밖에 없는 독재적 환경을 만들었다. 그 폐해가 상상을 초월하므로 그들은 반드시 책임져야 할 것이다.

27 창조론과 진화론자들의 의식구조

우리 은하계에서는 다양한 생명체와 우리와 같은 문명인이 살아가는 별나라가 존재한다. 하지만 탐욕스러운 종교인과 과학자일수록 그런 주장을 펼치는 사람을 정신이상자로 볼 것이다.

과거 원시 인류는 밤하늘의 수많은 별을 빤히 바라보면서도 지구도 은하수 속의 별에 딸린 잘 보이지도 않은 티끌만 한 행성 중 하나임을 인지하지 못했다.

과거 인류는 수천억 개의 은하계 중에서 우리 은하계만을 우주로 알았을 것이다. 약 4,000억 개의 별이 있는 우리 은하계에서 별을 공전하는 티끌만 한 행성에서 살아간다는 사실 자체를 우리 조상들은 인지할 수도, 상상할 수도 없었다.

모세는 구약성경에 지구가 태초부터 존재한다는 관점에서 셋째 날에는 식물을 창조하였다고, 넷째 날에는 해와 달과 별들을 창조하였다고 기록하였다. 말하자면 지구는 태양을 공전하는 행성 중 하나이므로 지구가 창조되었다면 넷째 날에 해와 달과 별들과 함께 창조되었을 것이다. 그렇다면 우주와 지구도 존재하지도 않은 셋째 날에 식물을 창조하였다고 성경에 버젓이 기록해 놓고 진리의 말씀이라고 주장하는 셈이다. 이와 같이 터무니없는 성경 기록을 세뇌시킨다면 신자는 결국 믿고 싶은 창조론은 문자 그대로 믿고, 믿고 싶지 않은 것은 비유와 상징으로 간주하며 성경의 모든 기록이 진리의 말씀이라고 여길 것이다.

28 진화론자의 믿음의 문제점

하나님과 영적 존재를 믿지 못하는 대부분의 무신론자와 불가지론자 또는 하나님과 영적 세계를 부정하는 진화론자에게 이렇게 되묻고 싶다.

역지사지로 당신과 똑같은 가상의 당신이 다른 은하계에서 살아간다고 가정해보자. 다른 은하계에서 살아가는 가상의 당신에게 우리 은하계 중 어느 행성에 지적 생명체가 사느냐고 묻는다면 어떻게 대답할까? 우리가 지적 생명체인데도 당연히 부정할 것이다. 가상의 당신이 곧 당신인데도 말이다.

위와 같은 역지사지적인 관찰을 통해 여러분이 하늘 부모님과 영인이 영적 세계에서 살아가고 있음에도 영인의 존재 자체를 부정하고 있다는 점을 지적하고 싶다.

이처럼 인간의 육안으로는 볼 수 없다고 해서 존재하지 않는다고 생각하는 것은 과학적이지 않다.

다른 태양계에서 지구 환경과 비슷한 행성이 존재한다면 그곳에서도 생명체가 존재할 가능성이 크다. 의식이 형성되어가는 어린 학생에게 검증되지 않은 가설을 단정적으로 가르쳐서는 안 된다. 그것은 무신론 관점의 가치관이 형성될 수 있도록 만드는 잘못된 행위이다.

학생이 다른 행성에서 생명체가 존재하는지나 영적 세계가 존재하는지에 대해 묻는다면 어떻게 대답해야 할까. 올바른 의식을 가진 교수라면 과학적으로 아직 검증이 안 되었으므로 모른다거나 과학적으로 검증이 필요한 사안이라고 학생들에게 대답할 것이다.

과학의 거울에 비추어볼 때 인류는 자신이 모른다는 사실조차도 알지 못하는 무지한 존재이다. 성장론 발표 이후에는 성장론을 포함하여 같은 비중을 두고 객관적으로 가르쳐야 한다. 그렇지 않고 창조론과 진화론이 옳다고 주장하려면 성장론의 문제점을 과학에 근거하여 반박한 후 주장해야 한다.

본서를 통하여 성장론이 과학과 일맥상통한다는 사실을 알았다면 과학적이지 않고 오류투성이인 창조론과 진화론을 보다 객관적으로 가르쳐야 한다.

하늘 부모님은 사랑하는 자녀들이 살아가도록 할 목적으로 우주를 창조하셨다. 생명체가 살아가는 지구가 속한 우리 은하계뿐만 아니라 다른 은하계의 행성 중에서 지구와 비슷한 환경의 행성이 존재한다. 그렇다면 하늘 부모님에 의하여 지구에 최초 생명체가 탄생한 것처럼 그곳에도 같은 생명체가 존재할 것이다.

다른 행성에 생명체가 존재한다면 지구와 같은 생명체뿐만 아니라 지구에서 출현하지 못한 다른 종도 함께 존재할 것이다. 같은 하늘 부모님으로부터 태어난 같은 자녀이기 때문이다.

생존경쟁에서 밀리거나 지구 환경에 적응하지 못한 생명체는 도태되었다. 하지만 지구에서는 환경에 적응하지 못하여 출현하지 못한 종들도 다른 행성에서는 환경에 적응하여 출현할 수도 있다.

앞으로 우주과학과 심령과학이 발전하면 외계 생명체가 존재하는지에 대해서도 밝힐 때가 올 것이다.

29 종의 기원은 불온서적이다

기후와 환경 또는 자연선택과 같은 후천적 획득형질에 의해서는 다른 종으로 진화하지 않는다. 부모로부터 이어받은 유전형질에 의해서는 품종의 변이만 있을 뿐이다. 그것이 과학이다. 그렇다면 '종의 기원'에 적시한 내용 중 어느 하나도 현대 과학과 상통하는 부분이 없다고 보아야 한다. 그뿐만 아니라 약육강식의 관념이 농후한 진화론을 주입하는 것 자체가 학생의 심성을 파괴하는 행위이다. 그러므로 가장 우선적으로 폐기해야 할 불온서적인 것이다.

진화론을 전파하는 교수가 학생을 지속적으로 세뇌하면 그 학생은 나중에 성장하여 다시 자신의 스승과 똑같은 교수가 되어 후학들을 세뇌하게 된다. 전파의 사이클이 형성되는 것이다. 마찬가지로 종교지도자가 신자에게 창조론을 세뇌하면 결국 그들은 맹신자가 된다. 이후 그들은 여러분이 예상하는 것처럼 종교지도자로 성장하여 창조론을 지속적으로 전파하게 된다. 이렇게 지상 사회는 창조론과 진화론이 고착화되어 영적 성장을 가로막았다.

30 사이비 이론을 만든 책임

창조론은 심판과 파괴라는 보수적인 색채가 짙다. 그렇기 때문에 창조론을 가르치면 신자는 당연히 보수적인 성향을 갖게 되고 자신과 코드가 유사한 보수 독재정권을 지지하게 된다. 진화론도 마찬가지로 약육강식의 관념이 강하다. 진화론을 배운 학생도 보수적으로 변하여 자신과 코드가 유사한 보수 독재정권을 지지하게 된다. 인간은 종교와 독재사회의 영향을 받아 늙어갈수록 보수화된다. 노인들이 민주 정치인을 짓밟기 위하여 가스통을 들고 날뛰는 것을 보면 이를 쉽게 알 수 있다.

창조론과 진화론에 세뇌된 인류는 부모의 사랑에 의하여 생명체가 탄생한 후 성장하였다는 성장론을 쉽게 떠올리지 못했다. 민주의식 역시 갖출 수 없었으므로 독재사회가 지속되었던 것이다. 본서를 통하여 이제는 성장론을 알게 되었으니 민주사회를 정착시키기 위해서 사랑의 의식이 내포된 성장론을 교육해야 한다.

지금까지는 독재의식을 고취하는 창작물을 출판하거나 전파해 피해가 발생하여도 원인제공자에게 책임이 귀속되지 않고 피해자인 학생이나 독자에게 귀속되었다. 앞으로는 창작물을 만들거나 전파한 사람 때문에 누군가가 피폐한 삶을 살아가게 되었다면 창작자나 전파자는 가해자로서 책임져야 할 것이다. 물론 문제가 있다는 사실을 알면서 추종하는 피해자에게도 공동 책임이 있다.

특히 생명의 기원을 밝히는 문제는 인류의 심성을 바로잡을 수 있는지 없는지가 걸려있는 중대한 문제이다. 그래서 검증되지 않은 창조론과 진화론을 교육할 때마다 가설임을 밝히고 성장론을 포함하여 중립적이고 객관적으로 학생들을 가르쳐야 한다. 그래야 가해자의 책임에서 벗어날 수 있다.

앞으로는 자신이 만든 창작물이 인류에게 어떠한 영향을 미칠 것인가를 고려하여 작품 활동을 하거나 가르쳐야 한다. 그래야 가해자로서의 책임을 면할 수 있다. 독자의 심성을 파괴하는 출판물이라면 더 이상 피해자가 발생하지 않도록 당사자 또는 그 후손이 신속하게 출판을 정지하고 유통되는 출판물을 회수해야 한다. 그래야 피해가 최소화될 것이다.

31 헤켈의 배아 발생도

독일의 진화생물학자이자 철학자인 헤켈은 개체 발생과 계통 발생을 되풀이하며 수많은 단계의 계통 진화가 이루어진다고 주장하였다.

아래 그림은 진화론을 입증하기 위한 단골 메뉴로 인용되는 헤켈의 배아 발생도이다.

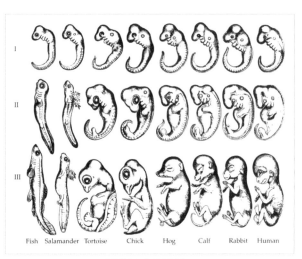

| Fish | Salamander | Tortoise | Chick | Hog | Calf | Rabbit | Human |

헤켈의 배아 발생도

위 그림은 종의 발생을 잘못 해석하였을 뿐 대체로 옳다. 하지만 창조론자는 일부 그림이 조작된 것을 이유로 헤켈의 모든 주장을 부정하고 있다. 헤켈이 그린 그림에는 어떤 문제가 있을까?

위 그림은 어류에서 파충류, 파충류에서 조류, 포유류를 거쳐 인간으로 진화하였다는 횡적인 진화과정을 보여준다.

그렇다면 인간이 최초 생명체로부터 종적으로 성장하였는지, 아니면 어류에서 파충류를 거쳐 인간으로 횡적 진화하였는지 살펴봐야 한다.

위 그림의 문제점은 최초 생명체로부터 각각 1대에서만 종적으로 성장하였고, 횡적 진화를 통하여 종을 뛰어넘는 진화가 이뤄졌다고 설명하는 데 있다.

32 성천의 성장도

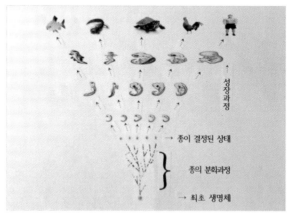

성천의 성장도

헤켈의 배아 발생도는 횡적 진화를 나타내지만 성천의 성장도는 종적 성장을 나타낸다. 이처럼 진화론과 성장론은 생명의 발생과 종의 발생 자체가 근본적으로 다르다.

최초 생명체가 출현한 이후 종 본연의 형상으로 자라기까지의 성장과정은 모태에서의 성장과정과 닮아있다. 따라서 모태에서의 성장과정을 보면 다양한 종의 성장과정을 알 수 있다. 종마다 성장 초기로 거슬러 올라가면 모두 곡옥과 비슷하게 생겼다. 그래서 진화론자는 모두 이를 어류나 양서류의 종으로 보았다. 하지만 이것은 각각 다른 종의 성장과정이었다.

지상의 다양한 종은 최초의 생명체로부터 현재까지 부모에 의하여 종과 형상이 결정되었다. 또한 세대가 끊이지 않고 후대로 이어져 현재에 이른 것은 불변의 사실이다.

또한 모든 세대마다 부모로부터 종이 결정되므로 어류와 파충류, 포유류도 종적으로 각각 성장하여 성체가 된 것임도 알 수 있다. 그것이 옳다면 성장론이 정답이다.

진화론자는 대멸종 이후 살아남은 어느 파충류에서 부모와 다른 염색체와 유전자를 가진 조류와 포유류로 수많은 단계의 횡적 진화가 이루어졌다고 주장한다. 그러면서 야바위꾼과 같이 성장과정을 진화과정으로 바꿔치기하고, 약육강식의 관념을 인류에게 주입하여 강자를 떠받드는 보수와 진보의 독재사회를 만들었다.

영적 세계와 하늘 부모님의 존재를 부정하는 진화론자의 입장에서 본다면 성장과정을 진화과정으로 오인할 수도 있다.

헤켈은 어류로부터 수많은 단계의 진화를 통하여 파충류, 조류, 포유류를 거쳐 인간으로 진화하였다고 주장한다. 종마다 염색체와 유전자가 각각 다르고, 종이 한번 결정되면 교배와 환경의 변화를 통해서는 종의 진화할 수 없는데도 말이다.

중등학교의 비상학습백과에 나와 있는 '척추동물의 발생 과정'도 헤켈의 그림을 모방한 것이다. 이것은 종적 성장과정을 교육하기 위한 그림이 아니다. 대멸종을 거치면서 멸종하지 않은 어느 종으로부터 다른 종으로 진화한다는 것을 보여주기 위한 그림이다.

수많은 세대를 거쳐 종적으로 성장하였는데 각각 종을 뛰어넘는 횡적 진화를 주장하는 것은 분명 잘못이다.

창조론과 진화론의 틀 속에 갇힌 창조론자와 진화론자는 정답을 찾지 못했다.

진화론은 정답이 아니므로 연구를 하면 할수록 과학적이지 않은 것들이 표면에 드러날 수밖에 없다.

진화론을 연구하는 과학자는 새로운 진화이론을 양산하게 되고, 학생들은 양산된 진화가설 중에서 구미에 맞는 가설을 믿게 된다.

순진무구한 학생 입장에서는 억지 주장을 펴는 창조론자보다 권모술수가 능한 교수가 과학을 들먹이며 부르짖는 진화론이 그럴듯해 보인다. 학생이 진화론 교수에게서 정답을 찾으려 하면 할수록 그들의 술수에 말려들 뿐이다. 일생을 올바르게 살아가려는 학생이라면, 독재의식이 밑바탕에 깔린 창조론과 진화론은 백해무익하므로 처음부터 교육받지 않은 것이 오히려 바람직할 것이다.

창조론자는 인간이 동물을 잡아먹고 살아가도록 하기 위하여 동물을 창조하였다면서 자비의 의식을 말살시켰다. 또한 기득권자가 지배하는 보수 사회가 정상적인 사회인 것처럼 합리화하고 있다.

민주사회를 어떻게 만들 것인가

인류는 하늘 부모님의 자녀로서 행복한 삶을 살아야 할 권리가 있다. 그러한 사회를 만들기 위하여 「천천경전」을 통하여 민주사회로 나아가는 길에 대하여 밝힌 바 있다. 성장론을 별도로 밝히게 된 것도 빠른 시일 내에 민주사회를 정착시키기 위함이다.

민주사회를 만들기 위해서는 먼저 민주의 의미를 정확하게 알고 실천해야 한다. 그래야 정치와 경제를 민주화시킬 수 있다.

이제 인류의 의식이 형성된 과정부터 살펴보자.

인류는 약육강식의 환경과 생존경쟁 속에서 탐욕스러운 존재가 되었다. 이들은 강자 관점의 보수와 약자 관점의 진보로 나뉘어 더 많은 이익을 얻으려고 첨예하게 대립하거나 합종연횡하며 살아가고 있다. 그러한 사회에서는 결국 탐욕스러운 보수나 진보의 대표주자들이 지지를 얻는다. 그들이 결국 조직과 국가를 지배하므로 어느 누가 집권해도 뺏고 뺏기는 독재사회가 조성된다. 독재정권일수록 반드시 부패하므로 독재정권은 곧 부패정권인 것이다.

보수 정치인은 기득권 국민을 대변하고, 진보 정치인은 약자를 대변한다. 더 많은 이익을 얻으려는 보수 독재자가 집권하는 사회는 독재사회가 전개될 수밖에 없다. 보수 정치인과 진보 정치인은 모두 상대 진영을 비난하며 민주 정치인으로 행세해 왔다. 그래서 보수정권이 민주정권인지, 진보정권이 민주정권인지, 국민은 그들의 주장에 현혹되어 민주가 무엇인지 정확한 개념을 알 수 없게 되었다. 독재의 강도는 욕심이 더 많은 보수정권이 훨씬 쎄다. 욕심으로 관리되는 보수정권과 진보정권이 곧 독재정권이었다. 그러한 독재정권 하에서 국민은 개인주의 성향이 강해졌다. 개인주의로 변한다는 것은 곧 독재의식으로 변한다는 것을 의미한다. 한국의 정치인과 종교인은 개인주의가 선진국에서 나타나는 현상이라고 주장하기도 한다. 그렇게 만든 자는 독재 정치인과 사이비 종교인이었다. 개인주의 성향이 강한 일본이나 미국, 중국이나 북한은 독재사회이므로 총칼로 국민을 지배할 수밖에 없다.

사랑으로 관리되는 사회가 바로 민주사회이다. 민주의식은 곧 주인의식이며 공동체의식이다. 사랑의 의식이 내포된 민주사회에서는 정권과 국민 모두가 주인의식으로 살아간다. 민주 정권은 보수와 진보

국민 모두를 포용하지만 민주화에 역행하며 국민에게 피해를 주는 자들에게는 철퇴를 가하여 모두가 평화롭게 살아가는 사회이다.

자본주의 사회에서의 진보정권은 약자만을 대변하기 때문에 약자 위치에 있는 사람은 진보정권을 민주정권으로 오인한다. 하지만 민주당에서 진보를 표방하는 정권은 오직 자신의 정치적 물질적 이익에만 관심이 있을 뿐이었다. 그들은 집권할 수 있도록 만들어준 민주시민을 짓밟아서라도 자신의 이익을 위하여 보수당이 집권하도록 도움을 주는 극악무도한 자였다. 그러한 자들은 민주시민이 나서서 영구 격리해야 한다.

자본주의 사회에서 보수 정당이 계속 집권하면 일본처럼 부패한 독재사회가 전개된다. 독재사회의 경제는 처음에는 발전하는 것 같지만 결국 폭망할 뿐이다. 사회주의 사회에서 진보 정치인이 계속 집권하면 중국이나 북한처럼 집권 초기에는 발전하는 것처럼 보인다. 하지만 무소불위의 권력으로 강보수화 되어 부패한 독재사회가 전개되고 경제는 자본주의 독재사회와 마찬가지로 결국 폭망의 길로 가게 된다.

한국 사회에서 민주 정권의 바통을 이어받아 집권하게 된 노무현이나 문재인과 같은 진보정권은 약자만을 위해 정치하기 때문에 강자만을 위해 정치하는 보수정권보다 덜 부패하고 상대적으로 공정한 분배가 이루어졌다. 약자인 서민의 입장에서 보면 보수정권보다는 나으므로 진보정권을 민주정권으로 인식한다. 한국과 같은 자본주의 국가에서 진보 정치인이 계속 집권한다면 북한과 같은 독재국가가 전개되는 것이 아니라 남미 국가들처럼 기업인은 줄고 나눠 먹으려는 자만 증가하여 점점 경제가 후퇴하는 것이다.

  한국의 보수주의자들은 민주의 가면을 쓰기 위하여 민주당의 진보정권을 북한 정권 차원의 독재정권인 것처럼 색깔을 씌우고 악의 무리라고 비난한다. 하지만 더 포악하고 악날한 무리는 보수정권과 그무리들이다. 그들은 한반도를 분단시키거나 한반도에서 전쟁이 일어나기를 학수고대하는 미국이나 일본의 앞잡이가 되기를 자처한다. 그들은 남북 간 갈등을 조성하고 영구 분단을 획책하고 있다.
  또한 전쟁을 유발하게 하고 천문학적 무기를 사들여 이익을 얻으면서 국민을 겁박하며 한국의 정치와 경제를 후퇴시키고 있다. 민주시민에 의하여 영구 격리되어야 할 자들이다. 민주당에서 진보주의자가 집권하면 민주당이 곧 진보당인 양 정치를 하면서 민주정권으로 행세한다. 하지만 그들은 민주전선을 교란하고 진보주의적 사회로 고착화한다. 그러한 자이기 때문에 이익만 존재한다면 국민을 짓밟을 수밖에 없는 보수정권에게 정권을 넘겨주기도 한다. 민주시민이 나서서 책임을 다하지 못한 민주당의 진보정권을 영구 격리시켜야 할 것이다.

  보수를 표방하는 당에 민주 정치인이 입당하더라도 코드가 맞지 않기 때문에 도태될 수밖에 없다. 진보를 표방하는 당도 강성 진보주의자만 존재하기 때문에 민주 정치인은 존재할 수 없다.

사회주의 국가에서도 욕심이 많은 보수주의자나 진보주의자가 결국 집권하게 된다. 그들은 무소불위의 권력을 행사하므로 처음에는 정치와 경제가 발전하는 것처럼 보인다. 하지만 결국 용두사미가 되고 독재국가로 전락하여 국민은 피폐한 삶을 살아가게 된다.

민주당에서 진보주의자가 집권하더라도 당내에서는 어느 정도 견제가 이루어진다. 그에 따라 지금까지는 민주당에서 진보정권이 집권하여도 민주화가 조금씩이라도 진전될 수 있었다. 민주당에서 진정한 민주 정치인이 집권해야만 민주화가 급진전하는 것이다.

그렇기 때문에 민주사회로 나아가기 위해서는 국민이 지속적으로 민주당을 지지해야 하는 이유이다. 한국의 민주당 내에는 보수의식, 진보의식, 민주의식 등 다양한 성향을 지닌 정치인이 존재한다.

민주당에서는 진보주의자가 집권할 가능성이 크다. 보수주의자처럼 욕심이 많고 권모술수가 능하기 때문이다. 민주당 내에서 진보주의자가 집권하더라도 당내에서 어느 정도 견제가 이루어져 노골적으로 진보의 독재정치를 할 수 없다. 진보 정권은 일부 민주를 가미한 정책을 펴면서 민주 정권 행세하고 있었다. 그렇더라도 민주사회로 나아가기 위해서는 지속적으로 민주당과 민주당의 대권후보를 지지해야 하는 이유이다.

민주당 간판으로 정치에 입문한 보수주의자, 진보주의자 모두가 민주 정치인 행세를 하고 있다. 민주당 내 보수주의자와 진보주의자는 이익만 있다면 당 밖의 보수 정치인, 진보 정치인과 내통하여 민주당을 분열시키려 한다. 이들은 독재사회를 유지하느냐 민주사회로 나아가느냐의 판가리 싸움에 민주화 전선을 교란시킨 자도 있다. 그들이 민주화를 가로막거나 민주당에서 집권할 수 없는 환경을 만들어 역사를 후퇴시키는 자들이었다. 언젠가는 반드시 책임을 물을 때가 올 것이다.

민주당의 진보정권은 보수 독재자에게 집권하게 하여 정치와 경제를 후퇴시킨 적이 있다. 정권을 넘겨주어 민주를 염원하는 국민을 짓밟았으니 마땅히 책임을 져야 한다. 예를 들면 노무현 정권이 그렇다. 그 정권은 북한과 갈등을 조성하여 영구 분단을 획책할 수밖에 없는 독재자 이명박과 박근혜에게 정권을 넘겨주어 민주를 짓밟고 역사를 후퇴시켰으니 연대책임을 물어야 하는 것은 물론 가중처벌의 대상이기도 하다.

문재인 정권도 마찬가지이다. 사건조작이나 부정부패를 방치하고 집권내내 민주당 후계자에게 범죄자 누명을 씌워 국민을 짓밟을 수밖에 없는 자에게 정권을 넘겨주었는데 고의성이 없다고 볼 수 없으므로 가중처벌을 해야 마땅하다. 이유를 불문하고 멸족 수준의 강력한 처벌이 따라야 앞으로 음흉한 일을 꾸미지 않을 것이다.

민주당에서 점차적으로 민주 정치인이 주류가 되어 지속적으로 집권해야만 한다. 그래야 진정한 민주당이고 민주화가 빠르게 진행되고 국민이 행복해진다.

국가의 비약적인 발전은 정치와 경제 민주화가 이루어졌을 때라야 가능해진다. 그렇다면 보수 정권이 국가를 발전시켰다고 주장하는 사람은 보수 정치인과 그들과 코드가 맞는 사이비 종교인에게 세뇌당한 자들일 것이다.

앞으로는 각국의 독재정권을 자국의 민주시민이 멸족 차원에서 심판할 것이다. 그러므로 여야를 불문하고 집권한 정치인은 민주화로 나아가야만 멸족을 면할 수 있다. 민주화를 후퇴시키는 각국의 독재 정치인은 이 점을 각별히 유념하길 바란다. 진정한 민주정권이어야 국민으로부터 존경받고 대대손손 칭송을 받을 것이다.

끝으로 필자는 독자 여러분께 본서를 읽고 무엇을 얻었는가를 묻고 싶다. 인간에게는 영인이 존재하고 그 영인은 죽지 않고 영원히 산다는 것을 알았으리라고 믿는다.

이제는 더이상 죽음이 두렵지 않을 수 있다. 또는 창조론이나 진화론이면 어떻고, 성장론이 나와 무슨 상관인가라고 되물을 수도 있다. 잘못된 생각이다.

우리는 부모의 사랑에 의하여 태어났다. 태어난 자체만으로도 엄청난 행운이다. 육신으로 살아가는 지상에서의 삶의 질이 곧 영적 세계의 삶의 질을 결정한다. 약육강식의 관념에 사로잡혀 보수주의와 진보주의 의식인 독재의식으로 살아간다면 영적 세계에서의 삶도 험난할 것이 뻔하다. 그런 자는 차라리 영적 세계가 존재하지 않거나 태어나지 않는 것이 더 나을 것이다. 그것이 문제이다.

우리는 이제 보수주의와 진보주의에 과몰입하여 투쟁해서는 안 된다. 그렇게 사는 게 무슨 의미가 있는가. 앞으로는 민주의식을 바탕으로 행복하게 살아야 한다. 그래야 영원한 영적 세계에서도 행복하게 살아갈 수 있다. 앞으로도 공교육 현장에서 약육강식의 논리에 경도된 창조론과 진화론만을 가르친다면 독재 사회가 조성될 수밖에 없다.

이제는 하늘 부모님과 부모님의 사랑으로 탄생되어 성장하였다는 성장론 교육을 바탕으로 자아 속에 민주의 싹을 틔워야 한다. 그래야만 민주시민으로 성장하고 우리의 후손들은 민주 사회에서 행복하게 살아갈 수 있다.

1 저작권과 관련, 당부의 말씀

본서는 「천천경전」에서 발췌한 내용이다. 본서의 내용에 대하여 「천천경전」이나 「새롭게 밝힌 인류의 기원과 종의 기원」에 대한 출처를 밝히고 교육하거나 전파하는 것은 언제든 대환영이다.

2 참고 문헌(자료)

- 성천 선생의 「천천경전」
- 다음 블로그 '2억 5,000만 년의 기다림' 「소금 결정체 등」
- 비상학습백과 「말 그림」
- 위키피디아 「헤켈의 배아 발생도」

새롭게 밝힌
생명의 기원과
종의 기원

초판 1쇄 인쇄 2024년 05월 23일
초판 1쇄 발행 2024년 05월 30일
지은이 성천
감수자 신기봉

펴낸이 김양수
펴낸곳 도서출판 맑은샘
출판등록 제2012-000035
주소 경기도 고양시 일산서구 중앙로 1456 서현프라자 604호
전화 031) 906-5006
팩스 031) 906-5079
홈페이지 www.booksam.kr
이메일 okbook1234@naver.com

ISBN 979-11-5778-646-6 (03120)